AI 기본법

AI문고

인공지능 시대입니다. 기계가 인간의 인지를 대신하고, 사물이 인간을 통하지 않고 다른 사물과 직접 커뮤니케이션합니다. 이에 따른 인간 삶과 문명 변화를 정확히 이해·예측·대응하는 것은 이 시대 우리 모두의 과제입니다. AI문고는 인공지능 기술과 환경의 여러 주제를 10가지 키워드로 정리합니다. 관련 개념과 이론, 학계와 산업계의 쟁점, 우리 일상의 변화를 다룹니다. 인간과 기술의 현재, 미래를 세심히 분석합니다.

일러두기

- 인명, 작품명, 저서명, 개념어 등은 한글과 함께 괄호 안에 해당 국가의 원어를 병기했습니다.
- 외래어 표기는 현행 어문규정의 외래어표기법을 따랐습니다.

처음이세요?

전문가세요?

AI 기본법

이수경

ㅋ

대한민국, 서울, 커뮤니케이션북스, 2025

AI 기본법

지은이 이수경
펴낸이 박영률

초판 1쇄 펴낸날 2025년 4월 21일

커뮤니케이션북스(주)
출판 등록 2007년 8월 17일 제313-2007-000166호
02880 서울시 성북구 성북로 5-11
전화(02) 7474 001, 팩스(02) 736 5047
commbooks@commbooks.com
www.commbooks.com

ISBN 979-11-7307-909-2 03500

책값은 뒤표지에 표시되어 있습니다.

차례

AI에 대한 국가적 관심

EU AI법, 미국 행정 명령 등에서 볼 수 있듯이 인공지능은 전 세계적으로 초미의 관심 분야다. 우리나라도 2024년 11월 국회에서 19건의 인공지능 관련 법률을 논의했다. AI 산업 발전을 위해 「인공지능 발전과 신뢰 기반 조성 등에 관한 기본법(이하, AI 기본법)」이 상임위원회의 법안소위, 전체 회의를 통과해, 법제사법위원회, 본회의를 거쳐 2025년 1월 21일 공포되었다. 지금의 복잡하고 첨예하게 대립하고 있는 정치 상황에도 불구하고 모두의 노력으로 꿋꿋이 제정된 것이다.

입법 과정에서 기본법의 성격을 명확히 드러내기 위해 아예 법률 제명에 '기본법'을 명시했다. 또한 '발전과 신뢰 기반 조성'으로 명명해 AI 기본법이 신산업인 AI 분야의 발전을 도모함과 동시에 AI 서비스의 이용으로 인해 발생하는 부작용이나 위험을 최소화함으로써 국민에게 신뢰를 줄 수 있도록 한다는 의미를 가지도록 했다.

특히 인공지능 산업의 '발전' 측면에서 해당 산업의 종사자들은 중소기업 지원, 창업 활성화, 전문 인력 지원,

해외 시장 진출, 집적 단지 조성 등 정부의 지원을 받을 수 있고, 산업 기반 조성을 위한 기술 표준 및 학습용 데이터를 이용할 수 있다.

'신뢰' 측면에서 인공지능이 해당 제품 및 서비스의 이용자, 해당 제품 및 서비스로 인해 생명, 신체 및 기본권에 영향을 받는 자에게 가져올 위험성에 대한 우려를 해결할 수 있도록 검·인증, 투명성 확보, 안전성 확보, 영향 평가 등 부담해야 할 사업자의 의무를 규정한다.

법은 하루아침에 만들어지지 않는다. 특히 새로운 산업이 등장할 때 이에 대응해 제정되는 법은 입법 난이도가 개정법보다 훨씬 높다.

입법부의 노력을 살펴보겠다. 먼저, 인공지능 관련 법안이 제일 처음 논의된 제20대 국회에서는 이상민 의원이 2019년 9월 23일 인공지능 기술개발 및 산업 진흥에 관한 법률안을 발의했고, 2019년 11월 21일 김경진 의원이 인공지능 산업 진흥에 관한 법률안을 발의했으나, 임기 만료로 폐기되었다. 두 개의 법률안은 4차 산업 혁명 시대에 인공지능이 미래 산업의 핵심 기술로 여러 기술과 융합해 해당 기술의 활용 산업이 국가 경제의 근간을 이룰 것으로 예상되는 점, 세계 주요 국가와 선도 기업들이 기술 개발에 대규모 연구와 투자를 진행하고 있는 점,

인공지능 활용 촉진 정책을 담은 법률을 정비하고 있는 점, 우리나라는 체계적이고 효율적인 지원 제도 없이 개별 부처나 산업별로, 분산적으로 추진되고 있어 기존 추진 체계의 정비가 필요한 점을 제안 이유로 삼았다.

21대 국회에서도 2020년 7월 13일 이상민 의원이 인공지능 연구 개발 및 산업 진흥, 윤리적 책임 등에 관한 법률안을 발의한 이후 같은 해 9월 3일 양향자 의원의 인공지능 산업 육성에 관한 법률안, 10월 19일 송갑석 의원의 인공지능 집적 단지의 육성에 관한 특별법안, 10월 29일 민형배 의원의 인공지능 기술 기본법안, 2021년 5월 17일 안민석 의원의 인공지능 교육 진흥 법안, 같은 해 7월 1일 정필모 의원의 인공지능 육성 및 신뢰 기반 조성 등에 관한 법률안, 7월 19일 이용빈 의원의 인공지능에 관한 법률안, 11월 14일 윤영찬 의원의 알고리즘 및 인공지능에 관한 법률안, 2022년 4월 18일 안민석 의원의 한국 인공지능·반도체 공과대학교 법안, 같은 해 8월 24일 조해진 의원의 인공지능 교육 진흥 법안, 12월 7일 윤두현 의원의 인공지능 산업 육성 및 신뢰 확보에 관한 법률안, 2023년 2월 8일 황희 의원의 인공지능 책임 법안, 같은 해 8월 8일 안철수 의원의 인공지능 책임 및 규제 법안이 발의되었으나 임기 만료로 폐기되었다. 법안 제명에서 알 수 있듯이 21대 국회 초반에는 20대 국회와 마찬가지로 산업 육성에 초점이 맞추어졌다. 그러나 황희 의원은 챗지피티(ChatGPT) 출범으로 개인 정보 침해, 알고리즘 왜곡으로 인한 차별 논란 등 이용자 피해 발생, 보안 문제 증대 등 인공지능의 역기능 우려에 대한 법률이 필요하다고 했고, 안철수 의원은 대량 데이터의 기계 학습 기반에 따른 불확실성과 불투명성, 노이즈 데이터로 인한 오류 생성 가능성, 유럽 의회가 인공지능법을 세계 최초로 제정할 예정인 상황을 고려해 금지 · 고위험 · 저위험 인공지능의 구분, 인공지능 사업자의 책무 등을 담은 법안이 필요하다고 하면서 규제에 대한 논의도 등장하게 되었다.

입법부 못지않게 정부도 오랫동안 다양한 정책들을 추진했다. 2019년 10월 문재인 대통령이 "올해 안으로 완전히 새로운 인공지능에 대한 기본 구성을 바탕으로 'AI 국가 전략'을 제시하겠다"고 공표한 이후 같은 해 12월 17일 과학기술정보통신부를 비롯한 전 부처가 모두 참여해 '인공지능 국가 전략'을 발표했다. 이는 'AI 반도체 1위, 전 국민 AI 교육 체계 구축, 디지털 정부, 사람 중심 AI'를 주요 특징으로 했다. 'IT 강국을 넘어 AI 강국으로'를 비전으로 삼아, 2030년까지 디지털 경쟁력 세계 3

위(현 10위)를 목표로 했다. 추진 과제 중 하나로 AI 시대 기본 이념과 원칙, 역기능 방지 시책 등을 담아 국가적 대응 방향을 제시하는 기본 법제를 마련하겠다고 했다. 이는 이후 정부의 정책 추진에서 일관되게 유지되었다.

2020년 7월15일 과학기술정보통신부는 행정안전부, 보건복지부, 국토교통부와 함께 '한국판 뉴딜 종합 계획 – 디지털 뉴딜'을 발표했는데, 여기에는 글로벌 기준에 맞는 인공지능 윤리 기준을 수립하고, 인공지능 분야의 포괄적 네거티브 규제 로드맵을 마련하며, 미래 지향적 인공지능 기본법제 정비를 추진할 계획이 들어 있다.

정부가 바뀐 이후에도 AI 산업의 중요성의 인식과 글로벌 경쟁력 강화를 위한 노력은 계속되었다. 2022년 9월 28일 과학기술정보통신부는 기획재정부, 산업통상자원부, 중소벤처기업부와 함께 '대한민국 디지털 전략'을 발표했다. 이는 윤석열 대통령이 9월 21일 발표한 '뉴욕 구상'을 실현하기 위한 정책 이행안이다. 당시 윤 대통령은 뉴욕대학에서 주최한 디지털 비전 포럼에 참석해 '디지털 자유 시민을 위한 연대'라는 제목의 기조연설을 했다. 연설에서 자유와 인권, 평화와 연대라는 인류의 보편적 가치를 실현하기 위해 세계 시민들이 함께 추구해야 할 디지털 질서에 관한 구상을 제시했다. 이 전략에는 사람과 공존하는 인공지능 윤리 · 제도 마련 등 국제적으로 규범을 선도할 것과 디지털 경제의 5대 기반법 제정에 인공지능 기본법을 포함할 것 등이 들어 있다.

2023년 9월 25일 과학기술정보통신부는 디지털 환경에서의 자유와 권리, 공정과 안전 등의 원칙을 담은 '디지털 권리 장전'을 공개했다. 디지털 권리 장전은 배경과 목적을 담은 전문과 함께 6장, 28개의 조문으로 구성된다. 제1장에서는 '디지털 공동 번영 사회 구현'을 위한 기본 원칙으로, 디지털 환경에서의 자유와 권리 보장, 디지털에 대한 공정한 접근과 기회의 균등, 안전하고 신뢰할 수 있는 디지털 사회 조성, 자율과 창의 기반의 디지털 혁신의 촉진, 인류 후생의 증진 등 총 다섯 가지를 규정했다. 정부는 새로운 디지털 질서의 기본 방향을 담은 디지털 권리 장전을 기준으로 삼아 디지털 심화 시대의 쟁점들을 해소하고 구체적인 법 · 제도를 정비하기 위한 실질적인 노력을 이어 나간다는 계획이었다. 특히 과학기술정보통신부는 AI 기본법과 디지털 포용법을 비롯한 디지털 심화 시대에 맞는 법령들을 차질 없이 마련한다고 했다.

2024년 4월 4일 민 · 관 AI 최고위 거버넌스인 'AI 전략 최고위협의회'가 출범하고, 그간 분야별로 운영되어 오던 협의체(AI 반도체 최고위 전략대화, AI 법제정비단, AI 윤리 포럼, 디지털 인재 양성 얼라이언스)를 국가 전체의 AI 혁신 방향을 이끌 수 있도록 산하 분과 위원회로 운영하는 방안이 발표되었다. 같은 해 9월에는 대통령을 위원장으로 하는 국가인공지능위원회가 출범해 AI와 반도체를 우리나라의 미래 도약 산업으로 선정하고, 인공지능 3대 강국 도약을 위한 「국가 AI 전략 정책 방향」을 발표했다. 이 정책 방향에는 글로벌 AI 거버넌스 주도를 위해 AI 발전과 안전·신뢰를 균형 있게 달성할 AI 기본법을 연내 제정토록 한다는 내용이 담겨 있다.

EU, 미국 등이 AI 산업 활성화와 위험에 대비해 법률 제정 또는 행정 명령 등의 체계적 접근을 다양하게 시도하고 있을 때 이처럼 우리나라도 그러한 글로벌 추세에 뒤처지지 않도록 노력해 왔음을 알 수 있다. 이제 입법부와 행정부의 그간의 수고가 결실을 보았다.

이 법은 총 6개의 장, 43개의 조문, 3개의 부칙으로 구성되어 있다. 각 장은 제1장 총칙, 제2장 인공지능의 건전한 발전과 신뢰 기반 조성을 위한 추진 체계, 제3장 인공지능 기술 개발 및 산업 육성, 제4장 인공지능 윤리 및 신뢰성 확보, 제5장 보칙, 제6장 벌칙으로 이루어져 있다. 제3장은 제1절 인공지능 산업 기반 조성, 제2절 인공지능 기술 개발 및 인공지능 산업 활성화로 나뉘어져 있다.

2025년 1월 AI 기본법의 제정에 맞추어 이 제정안의 조문별 구성과 취지에 대한 안내서가 필요하다고 생각한다. 제1장 인공지능 기본법의 제정 과정은 22대 국회에서 입법 논의 당시 내용을 위주로 살펴보았다. 다음은 AI 기본법의 장별로 구성된 조문 순서대로 규정을 설명하고, 유사 입법례, 도입 당시의 논의, 해당 정부 정책이 있는 경우 관련 내용을 담았다. 제5장 보칙과 제6장 벌칙은 실태 조사, 사실 조사를 제외하고는 해당 조문과 관련한 장에 안배했다.

보통 법률은 그 자체만으로는 시행되기 어렵다. 시행에 필요한 구체적인 내용을 정해야 하므로 시행령이 뒷받침되어야 하는데, 보통은 법률이 공포된 후 6개월이 경과하는 경우로 정해지는 일이 많다. AI 기본법은 제정법이므로 준비 과정이 많이 필요해서 공포 후 1년이 경과한 날부터 시행하고, 디지털 의료 기기에 관한 부분은 2026년 1월 24일부터 시행하는 것으로 정했다. 준비 기간인 1년 동안 수범자는 시행령 등 하위 법령의 제정 과정을 지켜보고 시행령 및 시행 규칙의 입법 예고(40일)

와 고시의 행정 예고(20일) 기간에 필요한 의견을 제출할 수 있다.

AI 기본법 공포에 맞춰 본서를 발 빠르게 출간할 수 있도록 수고해 주신 커뮤니케이션북스 출판사에 감사드린다.

참고문헌

고재원(2019.10.28). 文대통령 "AI는 인류 동반자, 국가전략 금년 중 제시할 것". 동아 사이언스, https://m.dongascience.com/news.php?idx=32015

과학기술정보통신부(2019.12.17). "IT 강국을 넘어 AI 강국으로!" 범정부 역량을 결집하여 AI 시대 미래 비전과 전략을 담은 'AI 국가전략' 발표. https://www.msit.go.kr/bbs/view.do?sCode=user&mId=307&mPid=208&bbsSeqNo=94&nttSeqNo=2405727

과학기술정보통신부(2020.7.15). 디지털 뉴딜, 코로나 이후 디지털 대전환을 선도합니다. https://www.msit.go.kr/bbs/view.do?sCode=user&mId=307&mPid=208&bbsSeqNo=94&nttSeqNo=2974593

과학기술정보통신부(2022.9.28). 뉴욕구상을 실현하는 디지털 대한민국의 청사진 나왔다 - 과기정통부, 윤석열 대통령 주재 제8차 비상경제 민생회의에서 세계 디지털 혁신 모범국가를 향한 『대한민국 디지털 전략』 발표. https://www.msit.go.kr/bbs/view.do?sCode=user&mId=307&mPid=208&bbsSeqNo=94&nttSeqNo=3182193

과학기술정보통신부(2023.9.25). 디지털 환경에서 자유와 권리 보장…'디지털 권리장전' 발표. 대한민국 정책 브리핑. https://korea.kr/news/policyNewsView.do?newsId=148920752

과학기술정보통신부(2024.4.4.). 민 · 관이 머리를 맞대고 인공지능 3대 강국 도약 방안을 모색하기 위한 인공지능 최고위 협치체계 『인공지능 전략최고위협의회』 출범. https://www.msit.go.kr/bbs/view.do?sCode=user&mId=307&mPid=208&bbsSeqNo=94&nttSeqNo=3184296

과학기술정보통신부(2024.9.26). 인공지능 3대 강국(AI G3) 도약을 위한 대한민국 AI 혁신의 청사진 제시 – 관계부처 합동, 윤석열 대통령 주재 제1차 국가인공지능위원회에서 AI G3 도약을 견인할 국가 AI혁신 비전을 담은 「국가 AI전략 정책방향」 발표. 사회정책 대표 누리집, http://www.socialpolicy.go.kr/boardView.do;jsessionid=72axHYW-qg4zZgL4Jk68SyqH.node10?boardID=72723&boardSeq=101102&lev=0&searchType=&searchWord=&curPage=1

국회 법률정보시스템(2025.1.21). 인공지능 발전과 신뢰 기반 조성 등에 관한 기본법 [시행 2026.1.22.] [법률 제20676호, 2025.1.21. 제정]. https://likms.assembly.go.kr/bill/billDetail.do?billId=PRC_R2V4H1W1T2K5M1O6E4Q9T0V7Q9S0U0

국회 의안정보시스템(2025.1.21). [2206772] 인공지능 발전과 신뢰 기반 조성 등에 관한 기본법안(대안)(과학기술정보방송통신위원장).

국회 의안정보시스템. [2022593] 인공지능 기술개발 및 산업 진흥에 관한 법률안(이상민 의원 등 14인). https://likms.assembly.go.kr/bill/billDetail.do?billId=PRC_U1Q9E0S9C2Z3D1J0M0M2U1S8G3P7O6

국회 의안정보시스템. [2023922] 인공지능산업 진흥에 관한 법률안(김경진 의원 등 13인).
https://likms.assembly.go.kr/bill/billDetail.do?billId=PRC_Z1L9U1X1E2S1U1J0X0K4B1Q4L2B9B1

국회 의안정보시스템. [2120353] 인공지능책임법안(황희 의원 등 14인).
https://likms.assembly.go.kr/bill/billDetail.do?billId=PRC_B2B3H0G2F2B0A1Z4Y0N1M4I2I6G2N7

국회 의안정보시스템. [2123709] 인공지능 책임 및 규제법안(안철수 의원 등 10인).
https://likms.assembly.go.kr/bill/billDetail.do?billId=PRC_W2E3F0D8D0C1A0B9I3J1I2I1G4F0G1

대한민국 대통령실(2024.9.26). AI 대전환으로 도약하는 대한민국을 위해 민·관 원팀의 '국가 총력전' 선포 – 윤석열 대통령, '국가인공지능위원회' 출범식 및 1차 회의 개최.

01
인공지능 기본법의 제정 과정

인공지능 기본법을 제정하기까지 21대 국회에서부터 22대 국회(입법부)에서 논의된 내용을 살펴본다. 해당 법안에 대해 행정부, 특히 방송통신위원회, 문화체육관광부, 개인정보보호위원회의 의견과 소관 부처인 과학기술정보통신부의 대응에 대해 기술한다. 유럽 연합에 이어 세계에서 두 번째로 법안을 제정하게 된 배경과 그 의의를 설명한다.

AI와 1인 창업?

입법부 논의

2020년 7월 21대 국회에서 이상민 의원이 발의한 '인공지능 연구 개발 및 산업 진흥, 윤리적 책임 등에 관한 법률안'이 처음 발의된 이후 해당 국회에서는 13개 법안이 논의되었다.

그러나 21대 국회에서는 소관 법률의 상임위원회(과학기술정보방송통신위원회)의 법안심사소위에서 2020년 11월 25일, 2021년 2월 19일, 2022년 12월 15일, 2023년 2월 14일 총 네 차례 논의되어 합의안을 도출했으나, 그 후 입법 과정이 진행되지 못하다가 2024년 5월 29일 제21대 국회의 임기 만료로 폐기되었다.

22대 국회에서는 2024년 5월 안철수 의원이 발의한 '인공지능 산업 육성 및 신뢰 확보에 관한 법률안'이 발의된 이후 해당 국회 상임위원회에서 위 19개 법안을 병합 심사해 법안심사소위(2024년 11월 21일), 상임위원회 전체회의(2024년 11월 26일), 법제사법위원회(2024년 12월 17일)를 거쳐 본회의(2024년 12월 26일)에서 의결되었다.

행정부 논의

국회 상임위원회 검토 보고서에 따르면, AI 기본법 제정을 위해 논의된 의원들의 법안들에 대해 방송통신위원회, 문화체육관광부, 개인정보보호위원회 등 관계 부처는 다음과 같은 의견들을 제시했다.

먼저, 방송통신위원회는 ① 고위험 인공지능 및 생성형 인공지능에 대한 규제의 경우 벌칙 · 과태료 등 제재 조항이 없어 실효성이 떨어지며, ② 금지되는 인공지능 규정, 이용자 설명 요구권, 분쟁 조정 제도 등 이용자 보호를 위한 추가적인 제도 도입을 검토할 필요가 있다고 했다. 그러나 과학기술정보통신부는 ① 인공지능에 관한 규율 체계는 인공지능 산업 발전 수준을 고려해 단계적으로 확립해 나가는 것이 바람직하며 과태료 등 제재 규정에 대해서는 사회적 합의가 필요하고, ② 이용자 설명 요구권, 분쟁 조정 제도 등 이용자 보호 관련 규정은 주요국에서도 아직 필요성에 대한 논의가 진행 중이고 실제 도입한 사례를 찾아보기 어렵다는 점을 고려해, 충분한 검토 후 필요하다고 인정될 경우 도입하는 것이 바람직하다고 했다. 방송통신위원회는 해당 입장에 근거해 2025년 업무 보고에서 인공지능 이용자 보호를 위한 법안 제정을 추진하겠다고 했다.

문화체육관광부 · 중소벤처기업부 · 교육부는 과학기술정보통신부장관의 인공지능 기술 개발 관련 사업 지원·추진 및 관련 시책의 수립, 제도 개선 등과 관련해, 과학기술정보통신부 외 타 부처에서도 관련 업무 수행이 가능하므로 주체를 '정부'로 확대 또는 관계 기관장과 협의하도록 수정할 필요가 있다는 의견을 제출했다.

개인정보보호위원회는 인공지능 신뢰 기반 조성을 위해 인공지능 기본 계획의 내용 및 전문 위원회의 역할에 인공지능의 '안전성' 확보에 관한 사항을 추가할 필요가 있다는 의견을 제출했다.

문화체육관광부는 저작권 생태계 및 창작자 권리 보호와 학습 데이터의 투명성 확보를 위해, EU 인공지능법의 경우 제53조(범용 인공지능 모델 제공자의 의무)와 같이 인공지능 사업자에 대한 학습 데이터 목록 공개 의무 부과가 필요하다는 의견을 제출했으나, 과학기술정보통신부는 EU 인공지능법에서 작성하도록 하는 상세한 요약본의 내용 및 서식 등이 공개되지 않은 상황에서 우리나라가 선제적으로 구체적인 조치를 하는 것은 곤란하며, EU 외 다른 국가의 동향을 함께 고려해 단계적으로 보완 입법하는 것이 바람직하다고 했다.

세계에서 두 번째로 인공지능법 제정

해당 법안의 소관 부처인 과학기술정보통신부는 보도

자료를 통해 해당 법의 배경으로 "인공지능이 기술을 넘어 국가의 경제 · 안보를 좌우할 정도로 중요성이 높아짐에 따라 주요국은 인공지능 혁신과 국제 인공지능 지도력 구축에 사활을 걸고 자국에 유리한 규범을 마련하고 있다"고 밝히면서 주요국의 예로 미국에서 2023년 10월에 발표한 행정 명령(트럼프 대통령은 해당 명령을 2025년 1월 22일 취임 첫날 철회), 유럽 연합이 2024년 6월에 세계 최초로 제정한 인공지능법을 들었다.

또한 법률 제정의 의의에 대해 이러한 글로벌 추세에 맞추어 "우리나라도 국가 인공지능 경쟁력을 높이고, 신뢰할 수 있는 인공지능 활용 기반 조성을 위한 기본법이 필요하다는 공감대 아래 국내 경제 · 사회적 여건을 고려해 세계에서 두 번째로 인공지능 기본법 제정을 추진했다"고 한다.

특히 해당 법안은 인공지능 분야에서 우리나라의 국가 경쟁력을 높이기 위해 여야 의원들의 합의를 거쳐 통과된 점도 의미가 있다. 여당 출신인 안철수 · 정점식 · 김성원 · 배준영 · 정희용 의원이 발의한 법안 5건, 야당 출신인 조인철 · 민형배 · 권칠승 · 한민수 · 황희 · 이훈기 · 김우영 · 이정헌 · 황정아 · 이해민 · 정동영 · 최민희 의원이 대표발의안 법안 12건, 조승래 · 이인선 의원이 공동으로 발의한 2건으로 총 19개의 법안이 병합된 것이다.

19개 법안의 이름도 다양하다. 국회에 발의된 날짜 순서대로 살펴보면, 인공지능 산업 육성 및 신뢰 확보에 관한 법률안(안철수 의원), 인공지능 발전과 신뢰 기반 조성 등에 관한 법률안(정점식 의원), 인공지능 산업 육성 및 신뢰 확보에 관한 법률안(조인철 의원), 인공지능 산업 육성 및 신뢰 확보에 관한 법률안(김성원 의원), 인공지능기술 기본법안(민형배 의원), 인공지능 개발 및 이용 등에 관한 법률안(권칠승 의원), 인공지능 기본법안(한민수 의원), 인공지능 책임 법안(황희 의원), 인공지능 발전 진흥과 사회적 책임에 관한 법률안(배준영 의원), 인공지능의 발전과 안전성 확보 등에 관한 법률안(이훈기 의원), 인공지능 산업 진흥 및 신뢰 확보 등에 관한 특별법안(김우영 의원), 인공지능 산업 육성 및 신뢰 기반 조성 등에 관한 법률안(이정헌 의원), 인공지능 발전 및 신뢰성 보장을 위한 법률안(황정아 의원), 인공지능 산업 진흥 및 인공지능 이용 등에 관한 법률안(이해민 의원), 인공지능 산업 진흥에 관한 법률안(정동영 의원), 인공지능 산업 육성 및 신뢰 기반 조성 등에 관한 법률안(최민희 의원), 인공지능의 안전 및 신뢰 기반 조성에 관한 법률안(조승래 · 이인선 의원), 인공지능 진흥에 관한 법률안(조승래 · 이인선 의원), 인공지능 산업 육성 및 발전 등에 관한 법률안(정희용 의원)이다. 이름에서도 알 수 있듯이 산업 육성을 위한 진흥 성격, 책임 · 안정성을 확보하기 위한 규제 성격, 기본법, 특별법까지 다양하게 제안되어 있다.

참고문헌

과학기술정보통신부(2024.12.26). 인공지능 시대의 새로운 서막, 인공지능 기본법 국회 본회의 통과. https://www.msit.go.kr/bbs/view.do?sCode=user&mId=307&mPid=208&bbsSeqNo=94&nttSeqNo=3185321

국회 의안정보시스템(2025.1.21). [2206772] 인공지능 발전과 신뢰 기반 조성 등에 관한 기본법안(대안)(과학기술정보방송통신위원장).

국회 의안정보시스템. [2200543] 인공지능 발전과 신뢰 기반 조성 등에 관한 법률안(정점식 의원 등 108인) 검토보고서. https://likms.assembly.go.kr/bill/billDetail.do?billId=PRC_A2N4R0A6V1M7I1F4B3C7R3D3I3R3H8

방송통신위원회(2025.1.14). 신뢰받고 활력있는 디지털 · 미디어 동행사회 실현 – 2025년도 업무계획 발표. https://kcc.go.kr/wasimages/viewer/skin/doc.html?fn=file6973603408471595755.hwp&rs=/wasimages/viewer/result/202504

이도경(2025.1.11). [트럼프 2기 ⑤] 바이든표 행정명령 지우고 'AI 맨해튼 프로젝트' – 국내 기업 영향은. ≪서울 파이낸스≫,

https://www.seoulfn.com/news/articleView.html?idxno=5
45971

02
총칙

인공지능 기본법의 제정 목적을 살펴보고, 인공지능과 인공지능 기술 · 산업 · 사업자 · 이용자 · 영향을 받는 자의 정의, 기본 원칙, 국가 및 지방 자치 단체의 책무, 다른 법률과의 관계를 검토한다.

AI와 MBTI?

제정 목적(제1조)

이 법은 인공지능의 건전한 발전과 신뢰 기반 조성에 필요한 기본적인 사항을 규정함으로써 국민의 권익과 존엄성을 보호하고 국민 삶의 질 향상과 국가 경쟁력을 강화하는 데 이바지함을 목적으로 한다.

목적 규정은 법률 해석이 문제되었을 경우 입법자의 의도, 입법 취지 등 입법 목적을 중심으로 하는 '목적론적 해석'의 근거로 작용하므로 그 문구가 매우 중요하다.

국회는 제안 이유를 "인공지능은 모든 산업뿐만 아니라 사회를 바꾸는 기반 기술로 최근 인공지능의 성능이 비약적으로 발전함에 따라 우리 사회 각 분야에서 인공지능의 활용이 급속히 확대되고 있음. 특히, 생성형 인공지능의 등장에 따라 인공지능이 가져올 잠재적 혜택과 함께 위험성에 대한 우려가 전 세계적으로 주목받고 있음. 인공지능의 건전한 발전을 지원하고 인공지능 사회의 신뢰 기반 조성에 필요한 기본적인 사항을 규정함으로써 국민의 권익과 존엄성을 보호하고 국민 삶의 질 향상과 국가 경쟁력을 강화하는 데 이바지할 수 있는 대한민국 인공지능의 새로운 기준을 마련하고자 함"이라고 밝혔고, 이 제안 이유가 목적에 반영되어 입법되었다.

인공지능, 인공지능 기술의 정의(제2조 제1호, 제3호)

목적에 이어 중요한 규정은 정의 규정이다. 정의 규정에 따라 해당 법이 적용되는 범위의 경계를 확정하고, 수범 대상자를 정할 수 있다.

AI 기본법에서는 인공지능을 "학습, 추론, 지각, 판단, 언어의 이해 등 인간이 가진 지적 능력을 전자적 방법으로 구현한 것"으로, 인공지능 기술은 이 '인공지능'을 구현하기 위해 필요한 하드웨어 · 소프트웨어 기술 또는 그 활용 기술로 정의한다. 「지능정보화기본법」에서 지능 정보 기술을 정의함에 "전자적 방법으로 학습 · 추론 · 판단 등을 구현하는 기술"을 규정(제2조 제4호)하고 있는데, 인공지능의 정의에서 유사한 문구들을 사용하고 있다.

인공지능 산업의 정의(제2조 제6호)

인공지능 산업은 이 '인공지능' 또는 '인공지능 기술'을 활용한 제품(이하, 인공지능 제품)을 개발 · 제조 · 생산 또는 유통하거나 이와 관련한 서비스(이하, 인공지능 서비스)를 제공하는 산업을 말한다. 인공지능 기술과 인공지능 산업은 AI 기본법에서 기본 원칙 및 국가 등의 책무

(제3조), 기본 계획에 포함되어야 할 사항(제6조 제2항 제2호, 제4호 등)으로 규정되고, 특히 "진흥"을 위한 측면을 담당하는 제3장의 인공지능 기술 개발 및 산업 육성(예: 제13조 기술 개발, 제14조 기술 표준화, 제16조 기술 도입 지원, 제17조 중소기업 특별 지원, 제18조 창업 활성화, 제21조 전문 인력 확보 등)에서 근간을 이루고 있다.

인공지능 사업자, 이용자, 영향받는 자의 정의(제2조 제7호, 제8호, 제9호)

인공지능 사업자는 인공지능 산업과 관련된 사업을 하는 자로서 ① 인공지능을 개발해 제공하는 인공지능 개발 사업자, ② 인공지능 개발 사업자가 제공한 인공지능을 이용해 인공지능 제품 또는 인공지능 서비스를 제공하는 인공지능 이용 사업자에 해당하는 법인, 단체, 개인 및 국가 기관 등을 말한다.

이용자는 인공지능 제품 또는 인공지능 서비스를 제공받는 자를 말한다. 「전기통신사업법」 제2조 제9호에서는 "이용자"를 전기 통신 역무를 제공받기 위해 전기 통신 사업자와 전기 통신 역무의 이용에 관한 계약을 체결한 자로 정의해 계약 체결 여부가 논란이 되는 경우가 있으나, AI 기본법은 계약 체결 여부와 무관하게 규정되어 있다. 이용자에 관해 AI 기본법에서는 인공지능 투명성 확보 의무 규정에서 고지 의무의 대상(제31조 제1항), 생성 사실을 명확하게 인식할 수 있는 방식으로 해야 할 대상(제31조 제3항), 고영향 인공지능과 관련된 사업자의 책무 중 이용자 보호 방안의 수립 · 운영(제34조)에서 의미가 있다.

특이하게도 AI 기본법에서는 '이용자' 외에 '영향받는 자'를 규정하고 있고, 이는 "인공지능 제품 또는 인공지능 서비스에 의해 자신의 생명, 신체의 안전 및 기본권에 중대한 영향을 받는 자"로 정의한다. 영향받는 자는 인공지능의 최종 결과 도출에 활용된 주요 기준 및 원리 등에 대해 기술적 · 합리적으로 가능한 범위에서 명확하고 의미 있는 설명을 제공받을 수 있어야 한다(제3조 제2항).

다음 정의 규정에서는 인공지능의 종류로 고영향 인공지능과 생성형 인공지능의 두 가지를 들고, 이들과 관련해 인공지능 시스템을 정의하고 있다(제2조 제2호, 제4호, 제5호). 이들 정의 규정은 관련성이 높은 제7장 고영향 인공지능, 생성형 인공지능과 사업자 의무에서 함께 서술한다. 동일한 취지에서 인공지능 사회(제2조 제

10호)도 인공지능 윤리와 관련해 제6장 인공지능 윤리 및 신뢰성 확보에서 서술한다.

기본 원칙(제3조 제1항, 제2항)

기본 원칙은 법률 중 "기본법"에서 필수적인 요소로, 대부분의 기본법에 들어가는 내용이다. 일반적으로 목적 규정을 근거로 해서 심화해 규정하는데, AI 기본법은 인공지능 기술과 인공지능 산업이 안전성과 신뢰성을 제고해 국민 삶의 질을 향상하는 방향으로 발전되어야 한다는 것, 영향받는 자가 설명을 제공받을 것을 기본 원칙으로 했다.

안전성, 설명을 제공받을 것은 「소비자기본법」의 물품 또는 용역으로 인한 생명 · 신체 또는 재산에 대한 위해로부터 보호받을 권리, 물품 또는 용역을 선택할 때 필요한 지식 및 정보를 제공받을 권리(제4조 제1호, 제2호)와 유사하다. 다른 입법례로 「지능정보화기본법」도 지능 정보 사회 기본 원칙을 규정하고 있다. 특히 인간의 존엄 · 가치, 지능 정보 사회 구현을 통해 국가 경제의 발전을 도모하고, 국민 생활의 질적 향상과 복리 증진을 추구와 같은 내용(제3조 제1항, 제2항)은 AI 기본법과 유사하다.

국가 및 지방 자치 단체의 책무(제3조 제3항, 제4항)

국가 및 지방 자치 단체는 인공지능 사업자의 창의 정신을 존중하고, 안전한 인공지능 이용 환경의 조성을 위해 노력해야 하며, 인공지능이 가져오는 사회 · 경제 · 문화와 국민의 일상생활 등 모든 영역에서 변화에 대응해 모든 국민이 안정적으로 적응할 수 있도록 시책을 강구해야 한다. 시책은 정책을 시행하는 것을 말한다. AI 기본법에는 국가 및 지방 자치 단체의 일반적인 책무 외에도 학습용 데이터 관련(제15조), 중소기업 특별 지원 관련(제17조), 인공지능 융합 촉진 관련(19조), 전문 인력 확보 관련(제21조), 데이터센터 관련(제25조), 인공지능 신뢰 기반 조성 관련(제29조) 시책 등 개별 규정에도 다수 있다.

이와 유사하게 「지능정보화기본법」도 지능 정보 사회 기본 원칙에서 국가와 지방 자치 단체가 지능 정보 기술을 활용하거나 지능 정보 서비스를 이용할 때 사회의 모든 구성원에게 공정한 기회가 주어지도록 노력하고, 지능 정보 사회 구현 시책의 추진 과정에서 민간과의 협력을 강화하고, 민간의 자유와 창의를 존중하고 지원하는 것을 규정(제3조 제4항, 제5항)하고 있다.

다른 법률과의 관계(제5조)

인공지능, 인공지능 기술, 인공지능 산업 및 인공지능 사회에 관해 다른 법률에 특별한 규정이 있는 경우를 제외하고는 이 법에서 정하는 바에 따른다. 또한 이 법 제정 후에 인공지능에 관해 다른 법률을 제정하거나 개정하는 경우에는 이 법의 목적에 부합하도록 해야 한다.

이 규정은 인공지능법이 기본법이라는 점을 명확히 하기 위한 것이다. 특히, 행정부 중 국가정보원은 인공지능 윤리 원칙 관련 권고, 신뢰성 검·인증 지원, 고위험 영역 인공지능에 관한 가이드라인의 수립·보급 등과 관련해, 「국가정보원법」, 「전자정부법」, 「사이버 안보 업무 규정」에 따라 국가정보원이 국가·공공 기관 대상 사이버 위협에 대한 예방·대응 활동을 수행하고 있고, 제정안에서 인공지능 보안에 관해서는 명시적으로 규정하고 있지 않으므로 국가·공공 기관에 대해서는 해당 업무를 국가정보원이 수행하도록 단서 조항을 추가하는 의견을 제출했다. 과학기술정보통신부는 제정안은 인공지능에 대한 기본법으로, 다른 법률과의 관계에서 인공지능과 관련해 특별한 규정이 있는 경우 그 법을 따르도록 규정하고 있고, 인공지능을 개발·이용하는 국가·공공 기관은 「국가정보원법」 및 「사이버 안보 업무 규정」을 준수해야 하므로 단서 조항 추가가 불필요하다고 했다.

또한 국세청은 인공지능 기본 계획의 수립 및 통계·지표의 작성과 관련해, 국세청의 과세 정보는 「국세기본법」에 따라 원칙적으로 제공이 불가하고 예외적인 사유가 있는 경우에만 제공이 가능하므로(제81조의 13, 비밀유지), 기본 계획의 수립 및 통계·지표의 작성을 위해 과세 정보를 요구하려는 경우 법률에 과세 정보 제공 관련 내용을 구체적으로 명시할 필요가 있다는 의견을 제출했다. 과학기술정보통신부는 기본 계획 수립 및 통계·지표 작성 시 과세 정보 요구를 명확히 규정하지 않았으므로 국세청에 과세 정보를 요청하지 못하는 것으로 해석하는 것이 타당하다고 했다.

이 외에도 문화체육관광부는 저작권 및 콘텐츠에 관해는 기존 법령인 「저작권법」과 「콘텐츠 산업 진흥법」이 우선 적용됨을 명시할 필요가 있다는 의견을 제출했다.

행정안전부는 공공 데이터에 대해서는 「공공 데이터의 제공 및 이용 활성화에 관한 법률」에서 규정하고 있으므로, 공공 데이터의 관리·제공·이용 활성화 등에 관한 사항은 해당 법률에 따르도록 규정할 필요가 있다고 했다.

식품의약품안전처는 인공지능 기술이 적용된 디지털 의료 기기에 대해 제정안과 「디지털의료제품법」이 모두 적용되는 경우 디지털 의료 기기 사업자에 대한 과도한 규제가 될 소지가 있으므로, '인공지능 윤리 및 신뢰성 확보에 관한 사항 중 인공지능 기술이 적용된 디지털 의료 제품의 안전성 · 유효성과 관련된 취급과 관리'에 대해서는 「디지털의료제품법」이 정하는 바에 따르도록 할 필요가 있다는 의견을 제출했다.

이처럼 다른 부처와의 논란을 해소할 수 있도록 개별법을 일일이 명시해 그 개별법이 우선한다고 규정하는 방법도 있다. 그러나 이러한 입법을 선택하게 되면 새로운 법이 생길 때마다 AI 기본법에 명시해야 하는지에 대한 추가적인 논쟁이 발생할 수 있다. 따라서 AI 기본법이 다른 법률과의 관계에서는 일반법이므로 저작권 및 개인 정보 보호 등과 같은 개별적 규정이 있는 경우는 특별법인 개별 규정이 우선한다고만 규정함으로서 이러한 불필요한 논의를 방지할 수 있다.

참고문헌

국회 의안정보시스템. [2200053] 인공지능 산업 육성 및 신뢰 확보에 관한 법률안(안철수 의원 등 12인) 검토보고서.
국회 의안정보시스템. [2200543] 인공지능 발전과 신뢰 기반 조성 등에 관한 법률안(정점식 의원 등 108인) 검토보고서. https://likms.assembly.go.kr/bill/billDetail.do?billId=PRC_A2N4R0A6V1M7I1F4B3C7R3D3I3R3H8
제418회 국회 정보통신방송법안심사소위원회(2024.11.21). 과학기술정보방송통신위원회 회의록.

03
인공지능의 건전한 발전과 신뢰 기반 조성을 위한 추진 체계

과학기술정보통신부를 중심으로 인공지능 기본계획의 수립, 국가인공지능위원회의 설립 근거, 해당 위원회의 기능, 해당 위원회의 출범 이전의 운영 현황, 인공지능정책센터, 인공지능안전연구소에 대해 살펴본다.

AI와 난임 극복?

인공지능 기본 계획의 수립(제6조)

과학기술정보통신부 장관은 3년마다 관계 중앙 행정 기관의 장 및 지방 자치 단체장의 의견을 들어 인공지능 기술 및 인공지능 산업의 진흥과 국가 경쟁력 강화를 위해 인공지능 기본 계획을 국가인공지능위원회의 심의 · 의결을 거쳐 수립 · 변경 및 시행해야 한다.

예를 들어, 고용노동부 장관은 「근로복지기본법」에서 5년마다 근로 복지 증진에 관한 기본 계획을, 과학기술정보통신부장관과 방송통신위원회는 「방송통신발전기본법」에서 방송 통신 기본 계획을, 교육부 장관은 「학교 폭력 예방 및 대책에 관한 법률」에서 학교 폭력의 예방 및 대책에 관한 기본 계획을, 국토교통부 장관은 5년마다 「도심 항공 교통 활용 촉진 및 지원에 관한 법률」에 근거해 도심 항공 교통 기본 계획을, 문화체육관광부장관은 「문화산업진흥기본법」에서 문화 산업 진흥에 관한 중 · 장기 기본 계획을, 5년마다 「국어기본법」에 따라 국어 발전 기본 계획을 수립하는 등 부처마다 소관 법률에 근거해 소관 업무에 대한 기본 계획을 3년 또는 5년을 주기로 해서 수립한다.

기본 계획에는 ① 인공지능에 관한 정책의 기본 방향과 전략에 관한 사항, ② 인공지능 산업의 체계적 육성을 위한 전문 인력의 양성 및 인공지능 개발·활용 촉진 기반 조성 등에 관한 사항, ③ 인공지능 윤리의 확산 등 건전한 인공지능 사회 구현을 위한 법·제도 및 문화에 관한 사항, ④ 인공지능 기술 개발 및 인공지능 산업 진흥을 위한 재원의 확보와 투자의 방향 등에 관한 사항, ⑤ 인공지능의 공정성·투명성·책임성·안전성 확보 등 신뢰 기반 조성에 관한 사항, ⑥ 인공지능 기술의 발전 방향 및 그에 따른 교육·노동·경제·문화 등 사회 각 영역의 변화와 대응에 관한 사항, ⑦ 그 밖에 인공지능 기술 및 인공지능 산업의 진흥과 국제 협력 등 국가 경쟁력 강화를 위해 과학기술정보통신부 장관이 필요하다고 인정하는 사항이 포함된다. 안정성 확보에 관한 내용은 앞에서 살펴본 개인정보보호위원회의 의견이 반영된 것으로 보인다.

이러한 기본 계획을 고려해 중앙 행정 기관의 장은 소관 주요 정책을 수립하고 집행할 필요가 있다.

국가인공지능위원회(제7조 내지 제10조)

인공지능 발전과 신뢰 기반 조성 등을 위한 주요 정책 등에 관한 사항을 심의·의결하기 위해 대통령 소속으로 국가인공지능위원회를 둔다. 이는 인공지능이 산업 전반으로 확산하면서 각 산업을 담당하는 부처 간에 이견 조정이 필요할 수 있으므로 범부처를 아우르기 위해 대통령 소속으로 할 필요가 있다.

AI 기본법이 만들어지기 이전인 2024년 8월 6일에 과학기술정보통신부는 국가인공지능위원회의 설치 및 운영에 관한 규정(이하, 운영 규정)을 만들었다. 부처는 이 시행령의 제정 배경으로 생성형 인공지능 등 인공지능 기술이 급격히 발전하고 있으며, 인공지능이 산업 전 분야로 확산해 막대한 경제적 파급 효과를 불러올 것으로 기대되어 정부도 인공지능-반도체를 미래 국가 기술 경쟁력의 3대 게임 체인저 중 하나로 인식해 국가 전체의 인공지능 분야 혁신을 이끌 위원회를 대통령 직속으로 구성해 범국가적 역량을 결집하기 위한 것이라고 했다.

주요 내용은 국가인공지능위원회의 설치, 기능, 구성, 회의, 분과위원회 · 특별위원회 및 자문단의 설치, 위원회지원단의 설치 근거다.

AI 기본법과 운영 규정은 위원장 1명과 부위원장 1명을 포함한 45명 이내의 구성, 재적 과반수 출석 및 출석위원 과반수 찬성의 의결, 분과위원회 · 특별위원회 및 자문단, 위원회 업무지원단을 두는 점은 동일하다.

AI 기본법의 위원회는 ① 기본 계획의 수립 · 변경 및 시행의 점검 · 분석, ② 인공지능 등 관련 정책, ③ 인공지능 등에 관한 연구 개발 전략 수립, ④ 인공지능 등에 관한 투자 전략 수립, ⑤ 인공지능 산업 발전과 경쟁력을 저해하는 규제의 발굴 및 개선 관련 사항, ⑥ 인공지능 데이터센터(「지능정보화기본법」 제40조 제1항) 등 인프라 확충 방안, ⑦ 제조업 · 서비스업 등 산업 부문 및 공공 부문에서의 인공지능 활용 촉진 관련 사항, ⑧ 인공지능 국제 규범 마련 등 인공지능 관련 국제 협력, ⑨ 제8조 제2항에 따른 권고 또는 의견의 표명에 관한 사항, ⑩ 고영향 인공지능과 관련해 2가지, i) 고영향 인공지능 규율 관련 사항, ii) 고영향 인공지능과 관련된 사회적 변화 양상과 정책적 대응에 관한 사항, ⑪ 이 법 또는 다른 법률에서 위원회의 심의 사항으로 정한 사항, ⑫ 그 밖에 위원회의 위원장이 필요하다고 인정해 위원회의 회의에 부치는 사항을 심의 · 의결한다.

AI 기본법의 위원회 기능 중 주목할 만한 사항은 ⑤ "인공지능 산업 발전과 경쟁력을 저해하는 규제의 발굴 및 개선 관련 사항"이다. 유사한 기능을 했던 위원회로는 2017년 8월에 출범했던 4차산업혁명위원회와 2022년 7월에 출범했던 디지털플랫폼정부위원회가 있다. 4차산업혁명위원회는 "신산업 · 신서비스의 진입을 제약

하는 규제의 발굴 · 개선 및 창업 생태계 조성에 관한 사항(4차산업혁명위원회의 설치 및 운영에 관한 규정, 제2조 제8호)"을 심의했고, 디지털플랫폼정부위원회는 현재까지 "디지털 플랫폼 정부 구현을 위한 규제 혁신, 법령의 제정 · 개정과 제도의 개선에 관한 사항(디지털플랫폼정부위원회의 설치 및 운영에 관한 규정, 제2조 제11호)"을 심의하고 있다. 규제 개선과 관련해 이전 정부에서도 2017년 12월 "규제 샌드박스"를 도입한 이후 2019년 1월 정보통신융합법, 산업융합촉진법을 시작으로 금융혁신지원특별법, 규제자유특구법(2019년 4월), 스마트 도시(2020년 2월), 연구 개발 특구(2020년 12월), 모빌리티(2023년 10월), 순환 경제(2024년 1월) 분야로 확대되어 규제 신속 확인, 임시 허가, 실증 특례가 운영 중이고, 최근에는 행정규제기본법도 개정해 규제 개선을 지원하고 있다.

다음으로 위원회의 기능 중 주목할 만한 사항은 "⑨ 제8조 제2항에 따른 권고 또는 의견의 표명에 관한 사항"으로 위원회는 국가 기관 등의 장(정의 규정 제2조 제4호 고영향 인공지능 중 자목의 공공 서비스 제공에 필요한 자격 확인 및 결정 또는 비용 징수 등 국민에게 영향을 미치는 국가, 지방 자치 단체, 「공공 기관의 운영에 관한 법률」 제4조에 따른 공공 기관 등) 및 인공지능 사업자 등에 대해 인공지능의 올바른 사용과 인공지능 윤리의 실천, 인공지능 기술의 안전성 · 신뢰성에 관한 권고 또는 의견의 표명을 할 수 있다. 위원회가 국가 기관 등의 장에게 법령 · 제도의 개선 또는 실천 방안의 수립 등에 대해 권고 또는 의견의 표명을 한 경우에는 해당 국가 기관 등의 장은 법령 · 제도 등의 개선 방안과 실천 방안 등을 수립해야 한다. 다만, 위원회의 권고 또는 의견 표명에 대해 국가 기관 등의 장이나 인공지능 사업자가 이를 수행하지 않는 경우에 대한 제재 규정은 없다.

AI 기본법과 운영 규정의 차이점은 ① AI 기본법의 위원회가 심의 · 의결 기구지만 운영 규정의 위원회는 심의 · 조정 기구인 점, ② AI 기본법에서 정한 심의 대상에는 운영 규정의 심의 대상 외에도 기본 계획, 고영향 인공지능 규율, 위원회의 권고 또는 의견 표명 관련 사항이 더 추가된 점, ③ 위원회의 존속 기간도 AI 기본법은 5년이나 운영 규정은 3년 정도인 점이 다르다.

AI 기본법은 부칙에서 이 법을 시행하기 위해 필요한 위원회 위원의 위촉, 분과위원회, 특별위원회, 자문단 및 지원단의 구성 등은 이 법 시행 전에 할 수 있도록 규정해 이미 운영 중인 위원회를 인정할 수 있도록 했다. 향

후 AI 기본법의 시행령 제정과 함께 해당 운영 규정의 내용이 상위법에 맞게 포섭되면 운영 규정은 폐지되어야 할 것이다.

위원회 업무의 공정성을 확보하기 위해 이해관계가 있는 위원을 해당 안건에서 배제하는 제척 규정, 당사자가 신청하면 결정하는 기피 규정, 스스로 회피하는 규정이 있다(제9조).

위원이 직무상 알게 된 비밀을 타인에게 누설하거나 직무상 목적 외의 용도로 사용한 경우에는 3년 이하의 징역 등의 벌칙을 받을 수 있고(제42조), 위원회의 위원 중 공무원이 아닌 위원은 「형법」 제129조부터 제132조까지의 규정(수뢰죄, 사전수뢰죄, 제3자 뇌물제공죄, 수뢰후 부정처사죄, 사후수뢰죄, 알선수뢰죄)에 따른 벌칙을 적용할 때는 공무원으로 의제된다(제41조 제1항).

AI 전략최고위협의회

운영 규정이 제정되기 전인 2024년 4월 4일에는 AI 전략최고위협의회를 운영했다. 과기정보통신부 장관과 현 국가인공지능위원회의 부위원장이 해당 협의회의 민간 공동 위원장으로 함께 민간 전문가 23인, 정부 관계 부처 실장급 공무원 7인의 총 32인으로 구성되어 AI 반도체,

R&D(당시에 구성 중), 법 · 정책, 윤리 안전, 인재, AI 바이오(추가 예정)의 6개 분과를 운영할 계획이었다. 민관 상시 소통 채널로는 초거대 AI 기업과 중소 · 스타트업으로 구성된 '초거대 AI 추진 협의회'를 외부 민간 자문단으로 두어 AI 혁신 생태계 구현을 위한 정부의 투자 · 지원 등 정책 제언을 수렴하고자 했다.

당시에도 생성형 AI 등장으로 AI가 산업을 넘어 인문 · 사회 분야까지 영향력이 확대되며, 다층적이고 복합적인 이슈를 촉발하고 있어 기존의 분야별로 운영되던 협의체를 상호 연계하고, 통합해 운영하자는 취지에서 출범시킨 것이었다.

인공지능정책센터(제11조)

과학기술정보통신부 장관은 인공지능 관련 정책의 개발과 국제 규범 정립 · 확산에 필요한 업무를 종합적으로 수행하기 위해 인공지능정책센터(이하, 센터)를 지정할 수 있다.

센터는 ① 기본 계획의 수립 · 시행에 필요한 전문 기술의 지원, ② 인공지능과 관련한 시책의 개발 및 관련 사업의 기획 · 시행에 관한 전문 기술의 지원, ③ 인공지능의 활용 확산에 따른 사회, 경제, 문화 및 국민의 일상

생활 등에 미치는 영향의 조사 · 분석, ④ 인공지능 및 인공지능 기술 관련 정책 개발을 지원하기 위한 동향 분석, 사회 · 문화 변화와 미래 예측 및 법 · 제도의 조사 · 연구, ⑤ 다른 법령에서 센터의 업무로 정하거나 센터에 위탁한 사업, ⑥ 그 밖에 국가 기관 등의 장이 위탁하는 사업을 수행한다.

인공지능안전연구소(제12조)

과학기술정보통신부 장관은 인공지능과 관련해 발생할 수 있는 위험으로부터 국민의 생명 · 신체 · 재산 등을 보호하고 인공지능 사회의 신뢰 기반을 유지하기 위한 상태(이하, 인공지능 안전)를 확보하기 위한 업무를 전문적이고 효율적으로 수행하기 위해 인공지능안전연구소(이하, 안전연구소)를 운영할 수 있다.

안전연구소는 ① 인공지능 안전 관련 위험 정의 및 분석, ② 인공지능 안전 정책 연구, ③ 인공지능 안전 평가 기준 · 방법 연구, ④ 인공지능 안전 기술 및 표준화 연구, ⑤ 인공지능 안전 관련 국제 교류 · 협력, ⑥ 제32조에 따른 인공지능 시스템의 안전성 확보에 관한 지원, ⑦ 그 밖에 인공지능 안전에 관한 사업으로서 대통령령으로 정하는 사업을 수행한다.

정부는 안전연구소의 운영과 사업 추진 등에 필요한 경비를 예산의 범위에서 출연하거나 지원할 수 있다.

2024년 11월 27일 판교 글로벌 R&D센터에서 '인공지능안전연구소'가 출범했다. 2023년 11월에 열린 지난 '영국 AI Safety Summit'에서 리시 수낵 영국 총리는 'AI 안전 연구소'를 설립하겠다는 계획을 발표했고, 미국의 지나 러몬도 미 상무장관은 상무부 산하 국립표준기술연구소(NIST)에 연구소를 설립하겠다고 밝혔었다. 다음해 5월에 열린 '서울 AI Safety Summit' 이후, 미국, 영국, 일본, 싱가포르, 캐나다 등 주요국이 모두 인공지능 안전연구소를 설립했고, 우리나라도 이에 참여해 과학기술정보통신부가 연구소 조직 · 예산 · 인력 등을 준비한 것이다.

참고문헌

4차산업혁명위원회(2017.8.22). 4차산업혁명위원회의 설치 및 운영에 관한 규정 [대통령령 제28250호, 제정]. 법제처 국가법령정보센터, https://www.law.go.kr/lsInfoP.do?lsiSeq=196753&ancYd=20170822&ancNo=28250&efYd=20170822&nwJoYnInfo=N&efGubun=Y&chrClsCd=010202&ancYnChk=0#0000

과학기술정보통신부(2024.11.27). 5월 윤 대통령 주재 '인공지능(AI) 서울정상회의' 후속조치로 「한국 인공지능 안전연구소」 출범

– 국제 '인공지능 3대 협치체계'(안전·혁신·포용)를 실현하고, 인공지능 안전 확보를 위한 국제 관계망 강화. https://www.msit.go.kr/bbs/view.do?sCode=user&mId=307&mPid=208&bbsSeqNo=94&nttSeqNo=3185174

과학기술정보통신부(2024.4.4). 인공지능 최고위 거버넌스 『AI전략최고위협의회』 출범. https://www.msit.go.kr/bbs/view.do?sCode=user&mId=307&mPid=208&bbsSeqNo=94&nttSeqNo=3184296

과학기술정보통신부(2024.8.6). 국가인공지능위원회의 설치 및 운영에 관한 규정 [대통령령 제34787호, 제정]. 법제처 국가법령정보센터, https://www.law.go.kr/LSW/lsSc.do?section=&menuId=1&subMenuId=15&tabMenuId=81&eventGubun=060101&query=%EC%9D%B8%EA%B3%B5%EC%A7%80%EB%8A%A5#undefined

과학기술정보통신부(2024.8.6). 국가인공지능위원회의 설치 및 운영에 관한 규정 제정 이유 및 주요 내용. 법제처 국가법령정보센터, https://www.law.go.kr/LSW/lsInfoP.do?lsiSeq=264599&lsId=&efYd=20240806&chrClsCd=010202&urlMode=lsEfInfoR&viewCls=lsRvsDocInfoR&ancYnChk=0#

과학기술정보통신부(2024.8.6). 국가인공지능위원회의 설치 및 운영에 관한 규정 제정령안 입법예고. https://www.moleg.go.kr/lawinfo/makingInfo.mo?lawSeq=78188&lawCd=0&&lawType=TYPE5&mid=a10104010000

국가전략정보포털(2023.11.3). 미국·영국·EU 등 28개국, '제1차 인공지능(AI) 안전 정상회의' 개최. https://nsp.nanet.go.kr/trend/latest/detail.do?listChk=list&

latestTrendControlNo=TREN0000001573
국무조정실. 규제샌드박스 연혁.
https://www.sandbox.go.kr/sandbox/info/sandbox_intro#tab_login_02
행정안전부 · 과학기술정보통신부(2022.7.1).
디지털플랫폼정부위원회의 설치 및 운영에 관한 규정 [대통령령 제32750호, 제정]. 법제처 국가법령정보센터,
https://www.law.go.kr/LSW/lsInfoP.do?lsiSeq=243561&ancYd=20220701&ancNo=32750&efYd=20220701&nwJoYnInfo=N&efGubun=Y&chrClsCd=010202&ancYnChk=0#0000

04
인공지능 산업의 기반 조성

정부가 인공지능 산업 기반을 조성하기 위해 진행하는 기술 개발의 활성화 지원 사업, 안전하고 편리한 이용을 위한 지원 사업 내용을 소개한다. 또한 인공지능 기술, 학습용 데이터, 인공지능의 안전성 · 신뢰성 등과 관련된 표준화 사업을 추진하고, 특히 인공지능 개발 및 활용에 필요한 학습용 데이터와 관련해 필요한 시책을 추진하는 내용을 검토한다.

AI와 사주?

인공지능 기술 개발 및 안전한 이용 지원(제13조)

정부는 AI의 개발 활성화와 안전한 이용이라는 두 가지 측면에서 지원한다. 먼저, AI 기술 개발 활성화를 위해 ① 국내·외 인공지능 기술 동향·수준 및 관련 제도의 조사, ② 인공지능 기술의 연구·개발, 시험 및 평가 또는 개발된 기술의 활용, ③ 인공지능 기술 확산, 인공지능 기술 협력·이전 등 기술의 실용화 및 사업화 지원, ④ 인공지능 기술의 구현을 위한 정보의 원활한 유통 및 산학 협력, ⑤ 그 밖에 인공지능 기술의 개발 및 연구·조사와 관련해 대통령령으로 정하는 사업을 지원할 수 있다.

다음으로 AI의 안전하고 편리한 이용을 위해 ①「지능정보화기본법」에 따른 지능 정보 기술 및 지능 정보 서비스의 안전성을 확보하기 위해 필요한 최소한도의 보호 조치 사항을 인공지능 기술로 구현하는 연구 개발 사업, ②「지능정보화기본법」에 따른 비상 정지 기능을 인공지능 제품 또는 인공지능 서비스에서 구현하기 위한 기술 연구의 지원 및 해당 기술의 확산을 위한 사업, ③ 인공지능 기술의 개발에서 「지능정보화기본법」에 따른 사생활 등의 보호에 적합한 설계 기준 및 기술의 연구 개발 및 보급 사업, ④ 인공지능 기술의 「지능정보화기본법」에 따른 사회적 영향 평가의 실시와 적용을 위한 연구 개발 사업, ⑤ 인공지능이 인간의 존엄성 및 기본권을 존중하는 방향으로 개발 · 이용될 수 있도록 하는 기술 또는 기준 등의 연구 개발 및 보급 사업, ⑥ 인공지능의 안전한 개발과 이용을 위한 인식 개선, 올바른 이용 방법과 안전 환경 조성을 위한 교육 및 홍보 사업, ⑦ 그 밖에 인공지능의 개발과 이용에서 국민의 기본권, 신체와 재산을 보호하기 위해 필요한 사업을 지원할 수 있다. 이 사업의 결과와 관련해 정부는 누구든지 손쉽게 이용할 수 있도록 공개하고 보급해야 하고, 기술 개발자를 보호하기 위해 필요하다면 보호 기간을 정해 기술 사용료를 받을 수 있게 하거나 그 밖의 방법으로 보호할 수 있다.

인공지능기술의 표준화(제14조)

정부는 인공지능 기술, 아래에서 논의할 학습용 데이터, 인공지능의 안전성 · 신뢰성 등과 관련된 표준화를 위해 사업을 추진할 수 있다. 해당 사업으로는 ① 인공지능 기술 관련 표준의 제정 · 개정 및 폐지와 그 보급, ② 인공지능기술 관련 국내외 표준의 조사 · 연구 개발, ③ 그 밖에 인공지능 기술 관련 표준화 사업이 있다.

표준이 제정되면 정부는 이를 고시해 관련 사업자에게 그 준수를 권고할 수 있다. 민간 부문에서 추진하는 인공지능 기술 관련 표준화 사업의 경우에는 정부가 지원할 수 있다. 이뿐 아니라 정부는 인공지능 기술 표준과 관련된 국제 표준 기구 또는 국제 표준 기관과 협력 체계를 유지 · 강화해야 한다.

과학기술정보통신부는 한국정보통신기술협회(이하, TTA)와 함께 2021년부터 '인공지능 개발 안내서'를 만들었다. '인공지능 개발 안내서'는 인공지능을 개발하는 과정에서 인공지능의 신뢰성을 확보하고, 위험을 저감하기 위한 기술 요구 사항을 인공지능의 5단계 생명 주기(계획 및 설계, 데이터 수집 및 처리, 인공지능 모델 개발, 시스템 구현, 운영 및 모니터링)로 나누어 제시함으로써 민간 분야에서 자율적으로 인공지능의 신뢰성을 확보하기 위해 노력을 할 수 있도록 지원하고 있다. TTA는 「방송통신발전기본법」에 근거(제34조)한 단체로 정보 통신의 표준 제정, 보급 및 정보 통신 기술 지원 등 표준화에 관한 업무를 담당한다. 2023년 11월부터 '민간 자율 인공지능 신뢰성 인증'을 운영하고 있고, 2023년 12월 6일에 '인공지능 시스템 신뢰성 제고를 위한 요구 사항'에 대한 단체 표준을 제정했다. 단체 표준에서는 인공지능 시스템의 초기, 설계 및 개발, 검증 및 확인, 배치, 운영 및 모니터링, 지속적 확인, 재평가, 폐기 단계로 구분된 인공지능 시스템 생명 주기 전체에서 관련 이해관계자가 신뢰성 제고를 위해 충족해야 할 요구 사항을 기술한다. 이를 위해 본 표준에서 다루고자 하는 인공지능 시스템의 범위, 인공지능 시스템 생명 주기, 이해관계자, 신뢰성 특성을 고려해 제시한다. 이후 다양한 국가와 국제기구가 제시한 원칙, 가이드라인, 규제안을 바탕으로 분석한 결과를 기반으로 인공지능 시스템 신뢰성 제고를 위한 요구 사항을 제시한다.

인공지능 학습용 데이터 관련 시책의 수립(제15조)

과학기술정보통신부 장관은 관계 중앙 행정 기관의 장과 협의해 인공지능의 개발 · 활용 등에 사용되는 데이터(이하, 학습용 데이터)의 생산 · 수집 · 관리 · 유통 및 활용 등을 촉진하기 위해 필요한 시책을 추진해야 한다. 이러한 시책을 효율적으로 추진하기 위해 정부는 지원 대상 사업을 선정해 예산으로 지원할 수 있다.

또한 학습용 데이터를 활성화하려면 학습용 데이터가 많이 있어야 하므로 학습용 데이터를 다양하게 제작 ·

생산해 제공하는 구축 사업을 시행할 수 있다. 과학기술정보통신부 장관은 이 구축 사업을 위해 학습용 데이터를 통합적으로 제공 · 관리할 수 있는 시스템을 구축해 민간이 자유롭게 이용할 수 있도록 제공해야 한다. 다만, 이 통합 제공 시스템은 해당 시스템을 이용 시 과학기술정보통신부장관이 비용을 징수할 수 있다. 지금까지 설명한 지원 대상 사업의 선정 및 지원, 학습용 데이터 구축사업의 시행, 통합 제공 시스템의 구축 · 관리 및 비용의 징수 등에 관한 세부적인 사항은 시행령이 정해져야 알 수 있다.

이미 2017년 3월 당시 미래창조과학부(현 과학기술정보통신부) 시절에도 지능 정보 사회의 경쟁력 원천인 인공지능 학습용 데이터 관련 사업을 추진했는데, 기계 학습이 가능한 인공지능 학습용 데이터를 구축해 민간에 개방해 중소 · 벤처 기업, 스타트업 등이 인공지능 기술과 응용 서비스 연구 개발에 활용하도록 한다는 계획이었다.

2020년 7월 15일 발표한 디지털 뉴딜에서 AI 학습용 데이터 구축과 관련해 인공지능의 학습을 위해 필수적인 언어 말뭉치, 음성 데이터, 자율 주행 영상 데이터, 미디어 영상 등의 데이터 세트(AI 학습용 데이터)를 구축해 개방하고, 중소기업 · 스타트업의 AI 기술 개발 · 적용을 위해 AI 학습용 데이터 가공 바우처를 제공한다고 했다.

2022년 1월 18일 과학기술정보통신부는 민 · 관이 모여 인공지능 분야의 전략적 협력 방안을 논의하는 협의체인 인공지능 최고위 전략 대화(AI Strategy Summit)를 개최해 디지털 뉴딜' 핵심 사업 중 하나로 추진 중인 대규모 인공지능 학습용 데이터 구축의 로드맵을 제시하고, 데이터의 활용성과 가치를 높이기 위한 고도화 방안을 발표했다. 특히 인공지능 · 데이터 활용 플랫폼인 AI Hub(aihub.or.kr)를 민 · 관 데이터 플랫폼인 모두의 말뭉치(국립국어원), Science-ON(KISTI), 열린데이터광장(서울시), 통합데이터지도 등과 연계해 핵심 플랫폼으로 거듭날 수 있도록 하고자 했다.

참고문헌

과학기술정보통신부(2020.7.15). 디지털 뉴딜, 코로나 이후 디지털 대전환을 선도합니다.
https://www.msit.go.kr/bbs/view.do?sCode=user&mId=307&mPid=208&bbsSeqNo=94&nttSeqNo=2974593

과학기술정보통신부(2022.1.19). 제2회 「인공지능 최고위 전략대화(AI Strategy Summit)」 개최. 대한민국 정책 브리핑,

https://korea.kr/briefing/pressReleaseView.do?newsId=156492245

미래창조과학부(2017.3.23). 인공지능 학습용 데이터 본격 구축한다! – 미래부, 교통사고 · 창업 · 층간소음 관련 법률, 전기 · 전자 특허, 일반상식 분야 데이터 구축사업 추진. https://doc.msit.go.kr/SynapDocViewServer/viewer/doc.html?key=3b6d5b2fe1fb4545bae6578485cde95f&convType=html&convLocale=ko_KR&contextPath=/SynapDocViewServer/

정보통신표준화위원회(2023.12.6). 인공지능 시스템 신뢰성 제고를 위한 요구사항. 한국정보통신기술협회, https://committee.tta.or.kr/data/standard_view.jsp?kor_standard=%C0%CE%B0%F8%C1%F6%B4%C9&rn1=Y&pk_num=TTAK.KO-10.1497&nowSu=7&rn=1

한국정보통신기술협회(2023.12.6). 보도자료, TTA, 제104차 정보통신표준총회에서 288건 표준 채택 – '디지털 권리장전'에 입각한 공공안전 · 생활밀착형 ICT표준 등 마련. https://www.tta.or.kr/tta/selectBbsNttView.do?key=76&bbsNo=107&nttNo=13120

한국정보통신기술협회. 업무 소개 – ICT 표준화 생태계. https://www.tta.or.kr/tta/contents.do?key=264

05

인공지능 기술 개발 및 산업 활성화

인공지능 기술 도입 · 활용을 위한 국가 및 지방 자치 단체의 지원, 중소기업 등을 위한 특별 지원, 인공지능 산업 분야의 활성화를 위한 창업 지원, 인공지능 산업과 그 밖의 산업 간 융합을 촉진하기 위한 시책, 법령 정비 등 관련 제도 개선 노력, 전문 인력 확보, 국제 협력 및 해외 시장 진출 지원, 인공지능 집적 단지 지정, 인공지능 실증 기반 조성, 인공지능 데이터센터, 인공지능진흥협회에 대해 살펴본다.

AI와 아이돌?

인공지능기술 도입·활용 지원(제16조)

국가 및 지방 자치 단체는 기업 및 공공 기관의 인공지능기술 도입 촉진 및 활용 확산을 위해 ① 인공지능 기술, 인공지능 제품 또는 인공지능 서비스의 개발 지원 및 연구·개발 성과의 확산, ② 인공지능 기술을 도입·활용하고자 하는 기업 및 공공 기관에 대한 컨설팅 지원, ③ 「중소기업기본법」에 따른 중소기업, 「벤처 기업 육성에 관한 특별법」에 따른 벤처 기업 및 「소상공인기본법」에 따른 소상공인(이하, 중소기업 등)의 임직원에 대한 인공지능 기술 도입 및 활용 관련 교육 지원, ④ 중소기업 등의 인공지능 기술 도입 및 활용에 사용되는 자금의 지원, ⑤ 그 밖에 기업 및 공공 기관의 인공지능 기술 도입 및 활용을 촉진하기 위해 시행령으로 정하는 사항에 대해 지원할 수 있다.

중소기업 등을 위한 특별 지원(제17조)

AI 기본법에서 규정하고 있는 인공지능 기술 및 인공지능 산업과 관련한 각종 지원 시책을 시행할 때는 중소기업 등을 우선 고려해야 한다. 주체가 별도 명시되어 있지 않는데, 시책을 수립해야 하므로 국가 또는 지방 자치 단체, 또는 정부라고 해석하면 될 것이다.

정부는 인공지능 산업에 대한 중소기업 등의 참여 활성화를 위해 노력해야 하며, 이와 관련한 사항을 기본 계획에 반영해야 한다. 과학기술정보통신부 장관은 만약 고영향 인공지능의 안전성 및 신뢰성 확보를 위해 위험 관리 방안의 수립·운영 등의 조치를 이행(제34조)하는 사업자가 중소기업 등인 경우, 고영향 인공지능을 이용한 제품 또는 서비스가 사람의 기본권에 미치는 영향을 평가(제35조)하는 사업자가 중소기업 등인 경우에는 이를 지원할 수 있다.

창업의 활성화(제18조)

정부는 인공지능 산업 분야의 창업을 활성화하기 위해 ① 인공지능 산업 분야의 창업자 발굴 및 육성·지원 등에 관한 사업, ② 인공지능 산업 분야의 창업 활성화를 위한 교육·훈련에 관한 사업, ③ 전문 인력의 우수 인공지능 기술에 대한 사업화 지원, ④ 인공지능 기술의 가치 평가 및 창업 자금의 금융 지원, ⑤ 인공지능 관련 연구 및 기술 개발 성과의 제공, ⑥ 인공지능 산업 분야의 창업을 지원하는 기관·단체의 육성, ⑦ 그 밖에 인공지능 산업 분야의 창업 활성화를 위해 필요한 사업을 추진할 수 있다. 지방 자치 단체는 인공지능 산업 분야의 창업을 지원하는 공공 기관 등 공공 단체에 출연하거나 출자할 수 있다.

유사 입법례로 「소프트웨어진흥법」에 소프트웨어 창업의 촉진 및 창업자의 성장 · 발전을 위한 소프트웨어 창업 활성화, 지방 자치 단체의 출연 규정(제14조)이 있다. 「과학기술기본법」에 창의적인 아이디어, 신기술, 과학 기술 및 정보 통신 기술에 기반해 문화 등 부문과의 융합을 촉진함으로써 기술 창업을 활성화하는 규정(제16조의 4), 「중소기업창업지원법」에 중소기업의 창업을 활성화하고, 창업 기업 등의 성장 · 발전을 지원하기 위한 규정(제10조) 등이 있다.

인공지능 융합의 촉진(제19조)

정부는 인공지능 산업과 그 밖의 산업 간 융합을 촉진하고 전 분야에서 인공지능 활용을 활성화하기 위해 필요한 시책을 수립해 추진해야 한다.

정부는 인공지능 융합 제품 및 서비스의 개발을 지원하기 위해 필요한 경우에는 「국가연구개발혁신법」에 따른 국가 연구 개발 사업에 인공지능 융합 제품 및 서비스에 관한 연구 개발 과제를 우선적으로 반영해 추진할 수 있다.

정부는 이렇게 개발된 인공지능 융합 제품 및 서비스에 대해서는 ICT 규제 완화를 다루는 「정보 통신 진흥 및 융합 활성화 등에 관한 특별법」에 따른 임시 허가, 실증을 위한 규제 특례가 원활히 시행될 수 있도록 적극 지원해야 한다.

법령 정비 등 제도 개선(제20조)

정부는 인공지능 산업의 발전과 신뢰 기반 조성을 위해 법령의 정비 등 관련 제도를 개선할 수 있도록 노력해야 한다. 이 제도 개선을 촉진하기 위해 관련 법·제도의 연구 및 사회 각계의 의견 수렴 등에 필요한 행정적·재정적 지원을 할 수 있다.

그간 역대 정부에서 '규제 개선'은 공통된 정책이었고, 이처럼 개선할 규제를 발굴하기 위해 민간 전문가로 구성된 협의체 또는 각종 협회 또는 단체 등의 의견을 수렴해 왔는데, 인공지능 분야에서도 동일한 목적의 의견 수렴 기구를 운용하기 위한 근거를 두었다.

전문 인력의 확보(제21조)

과학기술정보통신부 장관은 인공지능 기술의 개발 및 인공지능 산업의 발전을 위해 「지능정보화기본법」에 따른 시책에 따라 인공지능 및 인공지능 기술 관련 전문 인력을 양성하고 지원해야 한다. 「지능정보화기본법」에서 정하고 있는 전문 인력 양성에 관한 시책은 ① 전문 인력의 수요 실태 파악 및 중·장기 수급 전망 수립, ② 전문 인력 양성 기관의 설립 또는 지원, ③ 전문 인력 양성 교육 프로그램의 개발 및 보급 지원, ④ 각급 학교 및 그 밖의 교육 기관에서 시행하는 지능 정보 기술 및 지능 정보 서비스 관련 교육의 지원, ⑤ 그 밖에 전문 인력 양성에 필요한 사항이다.

정부는 인공지능 및 인공지능 기술 관련 해외 전문 인력의 확보를 위해 ① 인공지능 및 인공지능 기술 관련 해외 대학·연구 기관·기업 등의 전문 인력에 관한 조사·분석, ② 해외 전문 인력의 유치를 위한 국제 네트워크 구축, ③ 해외 전문 인력의 국내 취업 지원, ④ 국내 인공지능 연구 기관의 해외 진출 및 해외 인공지능 연구 기관의 국내 유치 지원, ⑤ 인공지능 및 인공지능 기술 관련 국제기구 및 국제 행사의 국내 유치 지원, ⑥ 그 밖에 해외 전문 인력의 확보를 위해 필요한 사항의 시책을 추진할 수 있다.

국제 협력 및 해외 시장 진출 지원(제22조)

정부는 인공지능과 관련한 국제적 동향을 파악하고 국제 협력을 추진해야 한다. 이미 과학기술정보통신부는 2020년 6월 인공지능에 대한 글로벌 파트너십(Global Partnership on AI, GPAI) 협의체의 창립 회원국으로 참여하기로 했다. GPAI는 세계 최초로 인공지능 관련 주제를 논의하기 위해 설립되는 국제 협의체다. AI가 인권, 포용성, 다양성, 혁신, 경제 성장, 사회적 이익에 기반하며, UN의 지속 가능한 개발 목표 달성에 기여할 수 있도록 관련 이해관계자들의 논의장을 제공하는 것을 목적으로 한다. 2019년 G7 정상 회의에서 창설하기로 해 프랑스와 캐나다를 중심으로 창설 작업이 진행되었고, 우리나라를 포함해 프랑스, 캐나다, 호주, 독일, 미국, 일본, 유럽 연합(EU), 뉴질랜드 등 총 15개 창립 회원이 함께 발족했다. 2020년 6월 15일 창립 회의에서는 책임성 있는 인공지능을 위한 공동 선언문을 발표했다.

2023년 11월 1~2일에는 영국에서 제1회 "AI Safety Summit 2023"이 개최되어 콘텐츠 조작, 핵 및 사이버 보안 위험 등 AI의 안전성과 신뢰성과 관련해 우리나라를 비롯해 미국, 영국, 중국 등 28개국과 유럽 연합이 모였다. 회의에서는 AI 안전에 관한 첫 국제 협약인 '블레츨리 선언'이 발표되었고, 선언의 주요 내용은 "인간 중심, 신뢰, 안전에 기반한 인공지능(AI) 개발 및 사용, 콘텐츠 조작 등 AI의 위험 식별, 문제 해결의 시급성 확인, 유해하지 않은 AI를 위한 개발자의 강력한 책임 확인, AI 관련 국제 협력 강화를 위한 논의 및 연구 지속"이다.

2024년 5월 21~22일에는 서울에서 우리나라를 비롯해 호주, 캐나다, 유럽 연합, 프랑스, 독일, 이탈리아, 일본, 싱가포르, 영국, 미국의 지도자들이 화상 회의로 정상 회의를 하고, 서울 선언 및 의향서를 발표했다. 서울 선언에는 "상호 운용성을 지닌 보안 조치의 중요성, 각국의 AI 안전 연구소 간 네트워크 확대 및 글로벌 협력 촉진, 안전·혁신·포용적인 AI 생태계를 조성하기 위한 정책 개발 및 거버넌스 구축 의지, 기업들을 비롯한 다양한 이해관계자들의 참여 필요성 등"이 포함되었다.

정부는 인공지능 산업의 경쟁력 강화와 해외 시장 진출을 촉진하기 위해 인공지능 산업에 종사하는 개인·기업 또는 단체 등에 대해 ① 인공지능 산업 관련 정보·기술·인력의 국제 교류, ② 인공지능 산업 관련 해외 진출에 관한 정보의 수집·분석 및 제공, ③ 국가 간 인공지능 기술, 인공지능 제품 또는 인공지능 서비스의 공동 연구·개발 및 국제 표준화, ④ 인공지능 산업 관련 외국

자본의 투자 유치, ⑤ 인공지능 등 관련 해외 전문 학회 및 전시회 참가 등 홍보 및 해외 마케팅, ⑥ 인공지능 제품 또는 인공지능 서비스의 수출에 필요한 판매 체계 · 유통 체계 및 협력 체계 등의 구축, ⑦ 인공지능 윤리에 관한 국제적 동향 파악 및 국제 협력, ⑧ 그 밖에 인공지능 산업의 경쟁력 강화와 해외 시장 진출 촉진을 위해 필요한 사항의 지원을 할 수 있다. 문화체육관광부 소관의 「문화산업진흥기본법」에는 문화 상품의 수출 경쟁력을 촉진하고 해외 시장 진출을 활성화하기 위해 외국과의 공동 제작, 방송 · 인터넷 등을 통한 해외 마케팅 · 홍보 활동, 외국인의 투자 유치, 국제 영상제 · 견본 시장 참여 및 국내 유치, 수출 관련 협력 체계의 구축 등의 사업을 지원할 수 있는 규정(제20조)이 있고, 「콘텐츠산업진흥법」에도 콘텐츠 산업의 국제 협력 및 해외 시장 진출을 촉진하기 위해 콘텐츠의 해외 마케팅 및 홍보 활동 지원, 외국인의 투자 유치, 국제 시상식 · 견본 시장 · 전시회 · 시연회 등 참여 및 국내 유치, 콘텐츠 수출 관련 협력 체계의 구축, 콘텐츠의 해외 현지화 지원, 콘텐츠의 해외 공동 제작 지원 등의 사업을 추진할 수 있도록 규정(제17조)이 있다. 문화체육관광부가 해당 사업을 위탁받은 한국콘텐츠진흥원과 2024년 방송영상콘텐츠의 해외 진출을 지원하는 사업을 추진한 결과, 수출 상담 실적을 약 1조 2천억 원, 그중 아시아 최대 '국제방송영상마켓(BCWW)에서 1억 4700만 달러의 실적을 얻었다고 발표했다.

인공지능 집적 단지 지정(제23조)

국가 및 지방 자치 단체는 인공지능 산업의 진흥과 인공지능 개발·활용의 경쟁력 강화를 위해 인공지능 및 인공지능 기술의 연구·개발을 수행하는 기업, 기관이나 단체의 기능적·물리적·지역적 집적화를 추진할 수 있다. 이 집적화를 위해 인공지능 집적 단지를 지정해 행정적·재정적·기술적 지원을 할 수 있다. 다만, 지정한 이후에 집적 단지를 지정하는 과정에서 거짓 등의 방법으로 지정을 받은 경우에는 지정을 취소해야 하고, 집적 단지를 지정한 목적 달성이 어렵다고 판단된 경우에는 지정을 취소할 수 있다.

2019년 12월 1일 발표한 인공지능 국가 전략에서 광주 AI 산업 융합 집적 단지에 지역 주력 산업인 자동차·에너지·헬스케어와 AI 융합이 촉진되는 혁신적 AI 생태계 조성 사업(총사업비 3939억 원)을 지원한다고 했다. 2020년 6월 19일 과학기술정보통신부는 광주 특구에 인공지능 기반 과학 기술 창업 단지(AI 집적단지) 중심의 연구 산업 복합 단지(연구 · 산업 · 주거 · 상업 등 포함)를 조성하는 개발 계획을 확정했다고 밝히면서 문재인 정부 지역 공약(광주)인 AI 기반 과학 기술 창업 단지는 광주과학기술원과 인접한 지역에 배치해 우선 추진하고, 주변 지역에 정보 통신, 과학 기술 서비스업 등 관련 기업을 유치해 산-학-연 클러스터가 되도록 육성할 계획이라고 했다.

인공지능 실증 기반 조성(제24조)

국가 및 지방 자치 단체는 인공지능 사업자가 개발하거나 이전받은 기술의 실증, 성능 시험, 검 · 인증 등(이하, 실증 시험 등)을 지원하기 위해 시험, 평가 등에 필요한 시설 · 장비 · 설비 등(이하, 실증 기반 등)을 구축 · 운영할 수 있다. 실증 시험 등을 촉진하기 위해 대통령령으로 정하는 기관이 보유하고 있는 실증 기반 등을 인공지능 사업자에게 개방할 수 있다.

유사한 입법례로서 「국가 전략 기술 육성에 관한 특별법」에 따른 지역 기술 혁신 허브의 '국가 전략 기술의 기술 이전, 상용화, 사업화 지원/ 국가 전략 기술에 대한 기술적 검증 지원/국가 전략 기술 관련 공동 연구 개발 시설, 실증 시설의 설치 및 운영'(제21조 제2항 제3호 내지 제5호), 「국가 첨단 전략 산업 경쟁력 강화 및 보호에 관한 특별조치법」에 따른 전략 사업 등을 영위하는 중소기업 또는 중견기업의 혁신 발전을 위한 '연구 개발, 실증, 안전 관리 및 관련 기반 시설의 구축'(제24조 제1호), 「미래 자동차 부품 산업의 전환 촉진 및 생태계 육성에 관한 특별법」에 따른 미래 자동자 부품 산업 관련 특화 단지 사업 중 '미래 자동차 부품의 실증 시설 및 성능 검증 기반 등의 구축'(제20조 제5항 제6호) 등이 있다.

인공지능 데이터센터 관련 시책 추진(제25조)

정부는 인공지능의 개발 · 활용 등에 이용되는 데이터센터(이하, 인공지능 데이터센터)의 구축 및 운영을 활성화하기 위해 필요한 시책을 추진해야 한다. 시책을 추진하기 위해 ① 인공지능 데이터센터의 구축 및 운영에 필요한 행정적 · 재정적 지원, ② 중소기업, 연구 기관 등의 인공지능 데이터센터 이용 지원, ③ 인공지능 데이터센터 등 인공지능 관련 인프라 시설의 지역별 균형 발전을 위한 지원 업무를 수행할 수 있다.

2023년 2월 15일 과학기술정보통신부는 인공지능 기술 발전의 핵심은 인력 · 데이터 · 컴퓨팅 자원이며, 최근 챗지피티(ChatGPT) 등 초거대 인공지능의 등장으로 고성능 컴퓨팅의 중요성이 강조되고 있으므로 이를 반영해 인공지능 혁신 허브의 연구진들이 고위험 · 도전형 연구에 매진할 수 있도록 2021년부터 2025년까지 연 20억 원을 투입해 인공지능 혁신 허브 데이터센터를 구축했다.

한국인공지능진흥협회(제26조)

인공지능 등과 관련한 연구 및 업무에 종사하는 자는 인공지능의 개발 · 이용 촉진, 인공지능 산업 및 인공지능 기술의 진흥, 인공지능 등에 대한 교육 · 홍보 등을 위해 과학기술정보통신부 장관의 인가를 받아 한국인공지능진흥협회(이하, 협회)를 설립하거나 협회로 지정받을 수 있다.

협회는 ① 인공지능 기술, 인공지능 제품 또는 인공지능 서비스의 이용 촉진 및 확산, ② 인공지능 등에 대한 현황 및 관련 통계 조사, ③ 인공지능 사업자를 위한 공동 이용 시설의 설치 · 운영 및 전문 인력 양성을 위한 교육 등, ④ 인공지능 사업자 및 인공지능 관련 전문 인력의 해외 진출 지원, ⑤ 안전하고 신뢰할 수 있는 인공지능의 개발 · 활용을 위한 교육 및 홍보, ⑥ 이 법 또는 다른 법률에 따라 협회가 위탁받은 사업, ⑦ 그 밖에 협회의 설립 목적을 달성하는 데 필요한 사업으로서 정관으로 정하는 사업을 수행한다.

협회는 법인이며, 국가 및 지방 자치 단체로부터 자금을 지원받을 수 있으며, 회원의 자격과 임원에 관한 사항, 협회의 업무 등은 정관으로 정해야 한다.

유사하게 진흥협회의 설립 근거를 법률에 두는 입법례로 「방송통신발전기본법」의 한국정보통신진흥협회(제15조), 「가상융합산업진흥법」의 가상융합산업 관련 협회(제18조), 「전파법」의 한국전파진흥협회(제66조의2) 등이 있다. 법률에 협회의 근거가 명확하게 있으므로 정부 사업을 수행하거나 그 사업의 예산을 받을 때 투명성을 확보할 수 있다.

인공지능 산업의 진흥을 위한 재원 확충(제37조)

산업의 진흥을 위해서는 투자할 수 있는 재원을 확보하는 것이 무엇보다 중요하고, AI 기본법도 산업 진흥을 위한 재원 규정이 필요하므로, 국가가 기본 계획 및 이 법에 따른 시책 등을 추진하기 위해 필요한 재원을 확충할 방안을 마련하도록 규정한다. 또한 투자 재원이 무분별하게 사용되는 것을 막기 위해 집행 기관인 국가 및 지방 자치 단체는 투자 재원을 효율적으로 집행하도록 노력하도록 규정하고, 이 경우에 인공지능 산업의 발전 단계 등을 종합적으로 고려하도록 하고 있다.

과학기술정보통신부 장관은 인공지능 산업의 진흥을 위해 필요한 경우에는 공공 기관이 인공지능 산업의 진흥에 관한 사업 등에 필요한 지원을 하도록 권고할 수 있다.

국가 및 지방 자치 단체는 기업 등 민간이 적극적으로 인공지능 산업의 진흥과 관련된 사업에 투자할 수 있도록 필요한 조치를 마련해야 한다. 민간에서도 투자의 위험성을 감안해 인공지능 산업을 들여다볼 것이다. 국가가 나서서 투자와 관련된 조치를 적극적으로 마련해 민간이 부담하게 될 투자 위험성을 조금이라도 낮춰 줘야 안정적인 투자가 가능할 것이다.

과학기술정보통신부가 2025년도에 확보한 예산은 18.9조 원이고, 이 예산은 4대 중점 분야별로 투입된다. 그중 인공지능 컴퓨터 활용 기반시설(컴퓨팅 인프라) 확충, 인공지능·디지털 확산, 따뜻하고 안전한 인공지능·디지털 세상 구현 등을 위해 인공지능·디지털 혁신 분야에 총 0.87조 원을 투입한다.

정부 전체 연구 개발 예산의 총규모는 29.6조 원이다. 국가 혁신 견인 산업으로 인공지능-반도체, 첨단 생명과학(바이오), 양자 등 3대 게임 체인저 기술에 집중적으로 투자해 2030년에 3대 강국으로 도약하는 것을 목표로 3.5조 원을 투자한다.

권한 위임 및 위탁(제39조)

국가 또는 정부가 AI 기본법에서 정하고 있는 모든 업무를 직접 수행할 수는 없으므로 다른 법과 마찬가지로 권한의 위임 및 위탁이 필요하다. 과학기술정보통신부 장관 또는 관계 중앙 행정 기관의 장은 시행령을 통해 권한을 소속 기관의 장 또는 특별시장 · 광역시장 등 시 · 도지사에게 위임할 수 있다. 또한 인공지능 기술 개발 및 이용 관련 사업에 대한 지원, 학습용 데이터의 생산 · 수집 · 관리 · 유통 및 활용 등에 관한 지원 대상 사업의 선정 · 지원과 학습용 데이터 구축 사업의 추진, 통합 제공 시스템의 구축 · 운영 및 관리, 창업 활성화, 검 · 인증 등 관련 지원, 실태 조사, 통계 및 지표의 작성, 그 밖에 시행령에서 정하는 사무를 기관 또는 단체에 위탁할 수 있다. 위탁받은 업무에 종사하는 기관 또는 단체의 임직원은 「형법」 제129조부터 제132조까지의 규정(수뢰죄,

사전수뢰죄, 제3자 뇌물제공죄, 수뢰 후 부정처사죄, 사후수뢰죄, 알선수뢰죄)에 따른 벌칙을 적용할 때는 공무원으로 의제된다(제41조 제2항).

참고문헌

과학기술정보통신부(2020.7.15). 디지털 뉴딜, 코로나 이후 디지털 대전환을 선도합니다. https://www.msit.go.kr/bbs/view.do?sCode=user&mId=307&mPid=208&bbsSeqNo=94&nttSeqNo=2974593

과학기술정보통신부(2022.1.19). 제2회 「인공지능 최고위 전략대화(AI Strategy Summit)」 개최. 대한민국 정책 브리핑, https://korea.kr/briefing/pressReleaseView.do?newsId=156492245

미래창조과학부(2017.3.23). 인공지능 학습용 데이터 본격 구축한다! – 미래부, 교통사고 · 창업 · 층간소음 관련 법률, 전기 · 전자 특허, 일반상식 분야 데이터 구축사업 추진. https://doc.msit.go.kr/SynapDocViewServer/viewer/doc.html?key=3b6d5b2fe1fb4545bae6578485cde95f&convType=html&convLocale=ko_KR&contextPath=/SynapDocViewServer/

정보통신표준화위원회(2023.12.6). 인공지능 시스템 신뢰성 제고를 위한 요구사항. 한국정보통신기술협회, https://committee.tta.or.kr/data/standard_view.jsp?kor_standard=%C0%CE%B0%F8%C1%F6%B4%C9&rn1=Y&pk_num=TTAK.KO-10.1497&nowSu=7&rn=1

한국정보통신기술협회(2023.12.6). TTA, 제104차 정보통신표준총회에서 288건 표준 채택 – '디지털 권리장전'에 입각한 공공안전 · 생활밀착형 ICT표준 등 마련. https://www.tta.or.kr/tta/selectBbsNttView.do?key=76&bbsNo=107&nttNo=13120

한국정보통신기술협회. 업무 소개 - ICT 표준화 생태계. https://www.tta.or.kr/tta/contents.do?key=264

06
인공지능 윤리 및 신뢰성 확보

인공지능 사회 · 인공지능 윤리의 정의, 안전성 · 신뢰성 등 인공지능 윤리 원칙, 민간 자율 인공지능 윤리위원회의 설치, 인공지능 신뢰 기반 조성, 인공지능 안전성 · 신뢰성 검 · 인증 제도, 대규모 인공지능 사업자의 안전성 확보 의무에 대해 설명한다.

AI와 야구?

인공지능 사회, 인공지능 윤리의 정의(제2조 제10호, 제11호)

인공지능 윤리는 인간의 존엄성에 대한 존중을 기초로 해, 국민의 권익과 생명·재산을 보호할 수 있는 안전하고 신뢰할 수 있는 인공지능 사회를 구현하기 위해 인공지능의 개발, 제공 및 이용 등 모든 영역에서 사회 구성원이 지켜야 할 윤리적 기준을 말한다. 여기서 인공지능 사회는 인공지능을 통해 산업·경제, 사회·문화, 행정 등 모든 분야에서 가치를 창출하고 발전을 이끌어 가는 사회를 말한다.

「공직자윤리법」, 「부패 방지 및 국민권익위원회의 설치와 운영에 관한 법률」 등 다양한 법률에서는 윤리에 대한 일반적인 정의 규정을 두지 않고 공직자 윤리, 사회 윤리, 기업 윤리 등으로 표현하므로 AI 기본법처럼 윤리를 별도로 정의하고 있는 것은 그만큼 윤리의 중요성을 강조하고자 하는 입법자의 의도가 엿보인다.

과학기술정보통신부는 2019년부터 인공지능 윤리 기준을 만들었고, 정보통신정책연구원(KISDI)과 인공지능 윤리 소통 채널을 운영하고 있다. 해당 사이트에는 2020년 12월 23일 4차산업혁명위원회에서 심의 의결한 '사람이 중심이 되는 「인공지능(AI) 윤리 기준」이 소개되어 있다. 윤리 기준에 따르면, 최고 가치는 인간성을, 3대 기본 원칙으로는 인간 존엄성, 사회의 공공성, 기술의 합목적성을, 10대 핵심 요건으로 인권 보장, 프라이버시 보호, 다양성 존중, 침해 금지, 공공성, 연대성, 데이터 관리, 책임성, 안전성, 투명성을 들고 있다.

국회 상임위원회 법안소위에서 윤리에서 핵심적인 사항으로 알고리즘의 편향성을 우려해 통합성, 극단성에 대한 보완이 포함되어야 하는지에 대한 의견을 제시했으나, 과학기술정보통신부는 이미 만든 AI 윤리 기준에 데이터의 편향성, 개방성, 투명성, 개인 정보, 공동체에 대한 문제 등 세부적인 내용을 담고, 개발자의 개발 지침까지 만들어 앞서서 시행하고 있는 부분이 있으므로 법안은 포괄성 있는 중요한 부분을 담고, 세부적인 윤리기준으로 시행하고 있는 내용들을 다 담지는 않았다고 했다.

「과학기술기본법」에서는 기본 이념(제2조)이라고 해서 "이 법은 과학 기술 혁신이 인간의 존엄을 바탕으로 자연 환경 및 사회 윤리적 가치와 조화를 이루고 경제 · 사회 발전의 원동력이 되도록 하며, 과학 기술인의 자율성과 창의성이 존중받도록 하고, 자연 과학과 인문 · 사회 과학이 서로 균형적으로 연계해 발전하도록 함을 기본이념으로 한다"고 규정한 예는 참조할 만하다.

인공지능 윤리 원칙, 실천 방안(제27조)

정부는 인공지능 윤리의 확산을 위해 ① 인공지능의 개발·활용 등의 과정에서 사람의 생명과 신체, 정신적 건강 등에 해가 되지 않도록 하는 안전성과 신뢰성에 관한 사항, ② 인공지능 기술이 적용된 제품·서비스 등을 모든 사람이 자유롭고 편리하게 이용할 수 있는 접근성에 관한 사항, ③ 사람의 삶과 번영에의 공헌을 위한 인공지능의 개발·활용 등에 관한 사항을 포함하는 AI 윤리 원칙을 제정·공표할 수 있다.

과학기술정보통신부 장관은 사회 각계의 의견을 수렴해 AI 윤리 원칙이 인공지능의 개발·활용 등에 관여하는 모든 사람에 의해 실현될 수 있도록 실천 방안을 수립하고 이를 공개 및 홍보·교육해야 한다.

중앙 행정 기관 또는 지방 자치 단체의 장이 인공지능 윤리 기준(그 명칭 및 형태를 불문하고 인공지능 윤리에 관한 법령, 기준, 지침, 가이드라인 등을 말한다)을 제정하거나 개정하는 경우 과학기술정보통신부 장관은 AI 윤리 원칙 및 실천 방안과의 연계성·정합성 등에 관한 권고 또는 의견의 표명을 할 수 있다.

민간자율인공지능윤리위원회의 설치 · 운영(제28조)

인공지능 사업자뿐 아니라 R&D 또는 대학의 연구 기관들이 인공지능 기술을 연구하거나 개발하는 경우에도 인공지능의 윤리 기준을 충족하는 것이 중요하므로, 교육 · 연구 기관도 민간자율인공지능윤리위원회를 둘 수 있다. 이 외에도 시행령을 통해 인공지능 기술 관련 기관 또는 단체를 더 추가할 수 있다.

민간자율인공지능윤리위원회는 ① 인공지능 기술 연구 · 개발 · 활용에서 윤리 원칙의 준수 여부 확인, ② 인공지능 기술 연구 · 개발 · 활용의 안전 및 인권 침해 등에 관한 조사 · 연구, ③ 인공지능 기술 연구 · 개발 · 활용의 절차 및 결과에 관한 조사 · 감독, ④ 해당 기관 또는 단체의 연구자 및 종사자에 대한 윤리 원칙 교육, ⑤ 인공지능 기술 연구 · 개발 · 활용에 적합한 분야별 인공지능 윤리 지침 마련, ⑥ 그 밖에 윤리 원칙 구현에 필요한 업무를 자율적으로 수행한다.

민간자율인공지능윤리위원회의 구성 · 운영과 관련해 해당 기관 또는 단체 등에서 자율적으로 정하되, 특정 성(性)으로만 구성할 수는 없는 점, 사회적 · 윤리적 타당성을 평가할 수 있는 경험과 지식을 갖춘 사람 및 그 기관 또는 단체에 종사하지 아니하는 외부 사람을 포함해야 하는 점을 준수해야 한다. 아예 과학기술정보통신부 장관이 민간자율AI윤리위원회의 공정하고 중립적인 구성·운영을 위해 표준 지침 등을 마련할 수 있다. 기껏 민간자율인공지능위원회를 구성하는데, 내부 위원으로만 구성하게 되면 업무 수행에서 객관성·중립성을 담보하기 어려울 수 있으므로 이에 대한 보완으로 구성을 자율에 맡기되, 최소한의 중립성 확보 장치를 규정한 것이다.

인공지능 신뢰 기반 조성을 위한 시책의 마련(제29조)

개별 규정으로 있는 시책 관련 규정 중 하나다. 정부는 인공지능이 국민의 생활에 미치는 잠재적 위험을 최소화하고 안전한 인공지능의 이용을 위한 신뢰 기반을 조성하기 위해 ① 안전하고 신뢰할 수 있는 인공지능 이용 환경 조성, ② 인공지능의 이용이 국민의 일상생활에 미치는 영향 등에 관한 전망과 예측 및 관련 법령·제도의 정비, ③ 인공지능의 안전성·신뢰성 확보를 위한 안전 기술 및 인증 기술의 개발 및 확산 지원, ④ 안전하고 신뢰할 수 있는 인공지능 사회 구현 및 인공지능 윤리 실천을 위한 교육·홍보, ⑤ 인공지능 사업자의 안전성·신뢰성 관련 자율적인 규약의 제정 · 시행 지원, ⑥ 인공지능 사업자, 이용자 등으로 구성된 인공지능 관련 단체의 인공지능의 안전성 · 신뢰성 증진을 위한 자율적인 협력, 윤리 지침 제정 등 민간 활동의 지원 및 확산, ⑦ 그 밖에 인공지능의 안전성 · 신뢰성 확보를 위해 시행령에 정하는 사항에 관한 시책을 마련해야 한다. 시책 중 ⑤ 자율 규약, ⑥ 단체의 자율 협력 지원을 규정하고 있는 것을 보면 AI 기본법이 최소한의 규제를 염두에 두고 있음을 알 수 있다.

인공지능 안전성 · 신뢰성 검증 · 인증 등 지원(제30조)

과학기술정보통신부 장관은 인공지능 사업자, 이용자 등으로 구성된 인공지능 관련 단체가 인공지능의 안전성 · 신뢰성 확보를 위해 자율적으로 추진하는 검증 · 인증 활동을 지원하기 위해 ① 인공지능의 개발에 관한 가이드라인 보급, ② 검증 · 인증 등에 관한 연구의 지원, ③ 검증 · 인증 등에 이용되는 장비 및 시스템의 구축 · 운영 지원, ④ 검증 · 인증 등에 필요한 전문 인력의 양성 지원, ⑤ 그 밖에 검증 · 인증 등을 지원하기 위해 대통령령으로 정하는 사항의 사업을 추진할 수 있다.

과학기술정보통신부 장관은 검증 · 인증 등을 받고자 하는 중소기업 등에 대해 대통령령으로 정하는 바에 따라 관련 정보를 제공하거나 행정적 · 재정적 지원을 할 수 있다.

2024년 4월 4일 발표한 'AI G3 도약을 위한 AI · 디지털 혁신 성장 전략'에서 고위험 AI 대상 신뢰성 검증 · 인증 실시 의무화, AI 윤리 영향 평가 시행 검토 등 AI 윤리 확보를 지원한다는 내용이 담겨 있다. 같은 날 발표한 'AI 일상화를 위한 2024년 국민 · 산업 · 공공 프로젝트 추진 계획'에는 과학기술정보통신부가 민간 자율 AI 윤리 · 신뢰성 확보를 위한 'AI 신뢰성 인증 활성화', 'AI 윤리 · 신뢰성 가이드라인 개발 · 보급'을 위해 40억 원 예산을 투입한다고 했다.

TTA는 민간 자율 방식의 인공지능 신뢰성 검증 · 인증 업무와 관련해 2023년 10월 31일 설명회를 개최해 ① 신청 대상자는 과학기술정보통신부의 인공지능 사업 중 인공지능 법상에 정의된 에너지, 의료, 원자력, 생체 정보, 채용 · 대출 · 평가, 교통, 공공 활용 등의 분야와 같은 고위험 영역의 인공지능에 해당하는 과제 책임자, 또는 자발적으로 신뢰성을 확보하려는 일반 영역 인공지능 사업자 · 개발자이며, ② 항목은 그간 협회가 만든 인공지능 개발 안내서의 15개 요구 사항 중 사업 대상(데이터 · 인공지능 모델 등)에 따른 요구 사항이고, ③ 절차는 개발 안내서의 적용법을 교육한 이후 요구 사항을 선별해 협회에서 검증을 실시하고 인증서를 발급한다고 했다. 2024년 2월 6일에 위 협회로부터 주식회사 마크애니의 'AI 영상 검색 및 대상물 이동 경로 추적 솔루션', 엔플럭스의 'AI 융합 지뢰 탐지 모듈 v1.0'이 민간 자율 인공지능 신뢰성 인증 1 · 2호를 받았다. 이후 4월에 제네시스랩이 기업 채용 시 면접 전형을 목적으로 개발한 영상 평가 플랫폼 '뷰인터 HR v2.0'로 인증을 받았다. 9월에는 단감소프트가 '커리어레커멘더 v1.0'로 맞춤형 교육 콘텐츠 추천 서비스로 AI 신뢰성 인증을 받았고, 거대언어모델(LLM, Large Language Model)로는 최초로 포티투마루의 'LLM42 v1.1'이 지난달 인증을 확보했다. 씨피엑스시스템즈는 '싸이파이(CyPHAI) v1.0'로 에너지 · 발전 분야 최초로 인증을 받았다. 이로써 인증 기업은 총 여섯 개가 되었다.

대규모 인공지능 사업자의 안전성 확보 의무(제32조)

하습에 사용된 누적 연산량이 일정 기준 이상인 사업자

는 대규모 인공지능 사업자에 해당하고, 그 기준은 시행령이 제정되어야 알 수 있으므로 시행령 제정 논의를 지켜봐야 한다.

대규모 인공지능 사업자는 인공지능 시스템의 안전성을 확보하기 위해 ① 인공지능 수명 주기 전반에 걸친 위험의 식별·평가 및 완화, ② 인공지능 관련 안전사고를 모니터링하고 대응하는 위험 관리 체계 구축의 사항을 이행해야 하고, 그 이행 결과를 과학기술정보통신부 장관에게 제출해야 한다.

유럽 연합은 AI법 이전에 온라인 플랫폼 사업자의 책임을 강화하기 위해 만들어 2023년 8월부터 시행된 디지털 서비스법에서 대규모 온라인 플랫폼과 온라인 검색 엔진을 규정하고 있는데, 여기에서 '대규모' 기준은 유럽 연합 내 월평균 활성 이용자의 수가 4500만 명 이상이고 유럽 연합 집행 위원회로부터 대규모 온라인 플랫폼 또는 온라인 검색 엔진으로 지정된 경우다(Digital Service Act 제33조). 우리나라는 「방송통신발전기본법」에 '주요 통신 사업자'를 규정하고 있는데, 시행령에서는 부가통신 사업자의 경우 전년도 기준 직전 3개월간 일평균 국내 이용자 수가 1천만 명 이상인 경우, 전년도 기준 직전 3개월간 일평균 국내 트래픽 발생량이 전체의 2% 이상인 경우다. 이러한 국내 입법례는 시행령 제정 시 참고할 수 있고, AI 사업자들의 의견을 수렴해 법률과 현실의 괴리를 좁혀야 할 것이다.

참고문헌

과학기술정보통신부 · 정보통신정책연구원. 인공지능 윤리 소통 채널. https://ai.kisdi.re.kr/aieth/main/main.do

과학기술정보통신부(2023.10.31). 기업의 자발적인 신뢰성 확보를 위한 인공지능 신뢰성 검·인증 본격 추진!. https://www.msit.go.kr/bbs/view.do?sCode=user&mId=307&mPid=208&bbsSeqNo=94&nttSeqNo=3183623

과학기술정보통신부(2024.2.6). 국내 1·2호 '민간자율 인공지능 신뢰성 인증' 부여. https://www.msit.go.kr/bbs/view.do?sCode=user&mId=307&mPid=208&bbsSeqNo=94&nttSeqNo=3184057

소프트웨어정책연구소 AI 정책연구실(2024.10.13). 유럽연합 인공지능법(EU AI Act)의 주요내용 및 시사점. ≪SW중심사회≫, 10월호(1).

전자신문(2024.12.3). AI 신뢰성 인증 기업 6곳으로 늘어나. https://www.etnews.com/20241203000265

제418회 국회 정보통신방송법안심사소위원회(2024.11.21). 과학기술정보방송통신위원회 회의록.

European Union EUR-Lex(2022.10.19). Regulation (EU) 2022/2065 of the European parliament and of the council of 19 october 2022 on a single market for digital services and amending directive 2000/31/EC (Digital services act) (Text with EEA relevance).

https://eur-lex.europa.eu/legal-content/EN/TXT/?uri=CELEX%3A32022R2065

07
고영향 인공지능, 생성형 인공지능, 해당 사업자의 의무

고영향 인공지능의 정의, 해당 사업자에 대해 부과된 인공지능 투명성 확보 의무, 위반 시 과태료 부과, 고영향 인공지능의 확인, 고영향 인공지능과 관련한 사업자 책무, 인공지능 영향 평가 노력 규정에 대해 살펴본다. 생성형 인공지능의 정의, 해당 사업자에 대한 인공지능 투명성 확보 의무, 위반 시 과태료 부과 등에 대해 설명한다.

AI와 윤동주?

고영향 인공지능 정의(제2조 제4호)

고영향 인공지능은 "사람의 생명, 신체의 안전 및 기본권에 중대한 영향을 미치거나 위험을 초래할 우려가 있는 인공지능 시스템으로서 일부 영역에서 활용되는 것"이다. 여기서 인공지능 시스템이란 "다양한 수준의 자율성과 적응성을 가지고 주어진 목표를 위해 실제 및 가상 환경에 영향을 미치는 예측, 추천, 결정 등의 결과물을 추론하는 인공지능 기반 시스템"을 의미한다(제2조 제2호).

고영향 인공지능에 해당하는 일부 영역은 11개지만, 마지막 ⑪이 사람의 생명 · 신체의 안전 및 기본권 보호에 중대한 영향을 미치는 영역으로서 시행령에 위임하도록 해 시행령 제정에 따라 범위는 더 추가될 수 있다. 일반적으로 법을 쉽게 만들기 위해서 모두 시행령에 위임하는 방법도 있으나, 부처별로 다양한 의견이 제시된 부분이기도 해 법률에 일정 영역을 규정하는 방식을 채택했다.

시행령 위임 규정을 제외한 영역은 다음의 10개다. ①「에너지법」에 따른 에너지의 공급, ②「먹는물관리법」에 따른 먹는 물의 생산 공정, ③「보건의료기본법」에 따른 보건 의료의 제공 · 이용 체계의 구축 및 운영, ④「의료기기법」에 따른 의료 기기 및 「디지털의료제품법」에 따른 디지털 의료 기기의 개발 및 이용, ⑤「원자력 시설 등의 방호 및 방사능 방재 대책법」에 따른 핵물질과 같은 항 제2호에 따른 원자력 시설의 안전한 관리 및 운영, ⑥ 범죄 수사나 체포 업무를 위한 생체 인식 정보(얼굴·지문·홍채 및 손바닥 정맥 등 개인을 식별할 수 있는 신체적·생리적·행동적 특징에 관한 개인 정보를 말한다)의 분석·활용, ⑦ 채용, 대출 심사 등 개인의 권리·의무 관계에 중대한 영향을 미치는 판단 또는 평가, ⑧「교통안전법」에 따른 교통수단, 교통 시설, 교통 체계의 주요한 작동 및 운영, ⑨ 공공 서비스 제공에 필요한 자격 확인 및 결정 또는 비용 징수 등 국민에게 영향을 미치는 국가, 지방 자치 단체,「공공 기관의 운영에 관한 법률」에 따른 공공 기관 등(이하, 국가 기관 등)의 의사 결정, ⑩「교육기본법」에 따른 유아 교육·초등 교육 및 중등 교육에서의 학생 평가, ⑩의 학생 평가 관련 영역은 시민 단체의 의견이 반영된 것이다.

원래 국회 상임위원회 법안소위에서 논의된 용어는 "위험(Risk)"이었으나, '고영향'으로 수정하는 것에 대해 검토한 결과 영향으로 변경되었다. 이는 EU의 AI Act, 미국의 AI 규제 논의에서도 점차 하이 리스크(high risk)보다는 임팩트(impact)나 이펙트(effect), 영향을 중시히는 방향으로 논의가 발전 중인 점, 공청회에서 "영향을 받는 자"에 대해 정의를 내리는 부분에 대해 참석자들의 찬성이 있고, 이를 정의하기 위해 영향을 포괄할 수 있는 단어가 필요한 점, AI가 우리 사회에 긍정적인 변화를 불러올 수 있는 잠재력을 가진 기술이므로 위험이라는 단어가 가지는 부정적 요소를 뉴트럴(neutral)이라는 가치 중립적 단어로 바꾸어 사용할 필요가 있는 점을 근거로 했다. 그러나 반대 의견도 팽배했다. AI 기본법의 기본 취지가 발전과 규제를 담는 것이라면 어느 한쪽을 등한시할 수는 없는 것이므로 고위험 표현이 더 적합하다는 것이다. AI에 대한 위험성에 대해서 규제 필요성을 끊임없이 강조해 온 시민 단체에서는 문구를 위험에서 영향으로 바꿨을 경우에 국회나 정부의 의지가 약하다는 문제를 제기할 수도 있을 것이라는 우려도 있었다. 최종적으로는 '고영향'으로 하되, 그 정의에 "중대한 영향을 미치거나 위험을 초래할 우려"로 위험이라는 문구를 추가하는 것으로 정리되었다.

국가인공지능위원회의 심의 · 의결 사항(제8조 제1항 제10 · 11호, 제2항)

앞에서 설명한 바와 같이 국가인공지능위원회의 심의 ·

의결 사항에는 고영향 인공지능과 관련해 i) 고영향 인공지능 규율 관련 사항, ii) 고영향 인공지능과 관련된 사회적 변화 양상과 정책적 대응에 관한 사항의 두 가지가 있다. 또한 위원회는 고영향 인공지능 사업자에 대해 고영향 인공지능의 올바른 사용과 고영향 인공지능 윤리의 실천, 고영향 인공지능 기술의 안전성 · 신뢰성에 관한 권고 또는 의견을 표명할 수 있다.

인공지능 안전성 · 신뢰성 검증 · 인증 노력(제30조 제3항 등)

인공지능 사업자가 고영향 인공지능을 제공하는 경우 사전에 인공지능의 안전성 · 신뢰성 확보를 위해 자율적으로 추진하는 검증 · 인증 등을 받도록 노력해야 한다. 이러한 검증 · 인증 등을 받은 인공지능에 기반한 제품 또는 서비스는 국가, 지방 자치 단체, 공공 기관이 고영향 인공지능을 이용하려는 경우에는 우선적으로 고려해야 한다고 규정하므로 우선 구매 대상이 될 수 있다.

「지능정보화기본법」에서도 정보 통신 또는 지능 정보 기술 관련 제조업자는 정보 통신 또는 지능 정보 기술 관련 기기 및 소프트웨어를 설계, 제작, 가공할 때 장애인 · 고령자 등이 쉽게 접근하고 이용할 수 있도록 노력해야 하고, 국가 기관 등은 지능 정보 제품을 구매할 때 장애인 · 고령자 등의 정보 접근과 이용 편의를 보장한 지능 정보 제품의 우선 구매를 촉진하기 위해 필요한 시책을 마련해야 한다(제46조). 과학기술정보통신부 장관은 이 법에 따른 지능 정보 제품이 우선 구매 대상 지능 정보 제품에 해당하는지 여부를 검증할 수 있고, 그 검증 기준을 고시한다(같은 법 시행령 제34조의 2).

고영향 인공지능의 투명성 확보 의무(제31조 제1항)

인공지능 사업자는 고영향 인공지능을 이용한 제품 또는 서비스를 제공하려는 경우 제품 또는 서비스가 해당 인공지능에 기반해 운용된다는 사실을 이용자에게 사전에 고지해야 한다. 사전 고지 의무 규정을 위반해 고지를 이행하지 아니한 자는 3천만 원 이하의 과태료에 처하게 된다(제43조 제1항 제1호).

사전 고지에 관해 필요한 사항은 하위 법령인 대통령령으로 정해지므로 이후 시행령이 제정되어야 내용을 알 수 있다.

고영향 인공지능의 확인-사전 검토 의무(제33조)

인공지능 사업자는 인공지능 또는 이를 이용한 제품·서비스를 제공하는 경우 그 인공지능이 고영향 인공지능에 해당하는지에 대해 사전에 검토해야 하는 의무가 있다. 그러나 필요하면 과학기술정보통신부 장관에게 고영향 인공지능에 해당하는지 여부의 확인을 요청할 수 있고, 요청을 받은 과학기술정보통신부 장관은 고영향 인공지능 해당 여부를 확인해야 하며, 필요한 경우 전문위원회를 설치해 관련 자문을 받을 수 있다. 사업자가 해당 의무를 보다 용이하게 실행할 수 있도록 고영향 인공지능의 기준과 예시 등에 관한 가이드라인을 수립해 보급할 수 있다.

고영향 인공지능과 관련한 사업자의 책무(제34조)

인공지능 사업자는 고영향 인공지능 또는 이를 이용한 제품·서비스를 제공하는 경우 고영향 인공지능의 안전성·신뢰성을 확보하기 위해 ① 위험 관리 방안의 수립·운영, ② 기술적으로 가능한 범위 내에서의 인공지능이 도출한 최종 결과, 인공지능의 최종 결과 도출에 활용된 주요 기준, 인공지능의 개발 · 활용에 사용된 학습용 데이터의 개요 등에 대한 설명 방안의 수립 · 시행, ③ 이용자 보호 방안의 수립 · 운영, ④ 고영향 인공지능에 대한 사람의 관리 · 감독, ⑤ 안전성 · 신뢰성 확보를 위한 조치의 내용을 확인할 수 있는 문서의 작성과 보관, ⑥ 그 밖에 고영향 인공지능의 안전성 · 신뢰성 확보를 위해 위원회에서 심의 · 의결된 사항을 포함하는 조치를 대통령령으로 정하는 바에 따라 이행해야 한다. 사업자가 해당 의무에 대한 예측 가능성을 높일 수 있도록 과학기술정보통신부 장관은 위 조치의 구체적인 사항을 정해 고시하고, 인공지능 사업자에게 이를 준수하도록 권고할 수 있다. 인공지능 사업자가 다른 법령에 따라 위 ① 내지 ⑥에 준하는 조치를 대통령령으로 정하는 바에 따라 이행한 경우에는 위 조치를 이행한 것으로 본다.

인공지능 영향 평가 노력(제35조)

인공지능 사업자가 고영향 인공지능을 이용한 제품 또는 서비스를 제공하는 경우 사전에 사람의 기본권에 미치는 영향을 평가하기 위해 노력해야 한다. 노력이므로 의무 규정은 아니나, 위 검증 · 인증을 받은 경우와 마찬가지로 국가 · 지방 자치 단체 · 공공 기관의 제품 또는 서비스 구매 시 우선 고려 대상이 될 수 있으므로 준수할 경우 혜택을 받을 수 있다. 그러나 영향 평가와 관련한 구체적인 내용·방법 등은 시행령이 정해져야 알 수 있다.

생성형 인공지능의 정의(제2조 제5호)

생성형 인공지능은 "입력한 데이터(「데이터 산업 진흥 및 이용 촉진에 관한 기본법」 제2조 제1호에 따른 데이터를 말한다)의 구조와 특성을 모방해 글, 소리, 그림, 영상, 그 밖의 다양한 결과물을 생성하는 인공지능 시스템"을 의미한다. 여기서 인공지능 시스템이란 "다양한 수준의 자율성과 적응성을 가지고 주어진 목표를 위해 실제 및 가상 환경에 영향을 미치는 예측, 추천, 결정 등의 결과물을 추론하는 인공지능 기반 시스템"을 의미한다(제2조 제2호).

이는 국회 상임위원회 법안소위 논의 과정에서 미국 행정 명령의 생성형 AI 정의를 참고한 것이라고 했다. 미국은 생성형 AI에 대해 "파생된 합성 콘텐츠를 생성하기 위해 입력 데이터의 구조와 특성을 모방하는 AI 모델 유형을 의미한다. 여기에는 이미지, 비디오, 오디오, 텍스트 및 기타 디지털 콘텐츠가 포함될 수 있다"고 정의한다

[Section 3. (p)].

과학기술정보통신부에 따르면, '모방'에 대해 생성형 인공지능이 패턴을 연구하는 것으로 실제 어떤 패턴이 구조화되어 있는지를 보고 그 패턴에 대한 일률적으로 일관된 양식을 끄집어내는 것이 생성형 인공지능의 특징이므로 구조와 특성을 모방한다는 의미는 데이터를 넣어서 그 데이터의 패턴이 어떻게 되어 있는지를 안다는 의미로 해석한다고 했다.

생성형 인공지능의 투명성 확보 의무(제31조)

인공지능 사업자는 생성형 인공지능의 경우에도 고영향 인공지능과 마찬가지로 이용자에게 사전에 고지해야 할 의무가 있다. 사전 고지 의무 규정을 위반해 고지를 이행하지 아니한 자는 3천만 원 이하의 과태료에 처하게 된다(제43조 제1항 제1호).

그 외에 생성형 인공지능 또는 이를 이용한 제품 또는 서비스를 제공하는 경우 그 결과물이 생성형 인공지능에 의해 생성되었다는 사실을 표시해야 할 표시 의무도 있다. 이 표시에는 워터마크 등 가시적 또는 비가시적 표시를 모두 포함할 수 있다.

인공지능 사업자는 인공지능 시스템을 이용해 실제와

구분하기 어려운 가상의 음향, 이미지 또는 영상 등의 결과물을 제공하는 경우 해당 결과물이 인공지능 시스템에 의해 생성되었다는 사실을 이용자가 명확하게 인식할 수 있는 방식으로 고지 또는 표시해야 한다. 다만, 예외적으로 해당 결과물이 예술적 · 창의적 표현물에 해당하거나 그 일부를 구성하는 경우에는 전시 또는 향유 등을 저해하지 않는 방식으로 고지 또는 표시할 수 있다. 이용자가 명확하게 인식할 수 있는 방식으로 표시한다는 것은 딥페이크임을 워터마크로 표시할 경우에 반드시 가식적으로 표시한다는 의미다.

사전 고지, 표시, 결과물에 대한 고지 또는 표시의 방법 및 그 예외에 관해 필요한 사항은 대통령령이 정해져야 알 수 있다.

참고문헌

제418회 국회 정보통신방송법안심사소위원회(2024.11.21). 과학기술정보방송통신위원회 회의록.

National Archives Federal Register(2023.1.11). Safe, secure, and trustworthy development and use of artificial intelligence. https://www.federalregister.gov/documents/2023/11/01/2023-24283/safe-secure-and-trustworthy-development-and-use-of-artificial-intelligence

08
해외 사업자의 의무

AI 기본법은 그 적용 범위에 대해 해외 사업자가 국외에서 이룬 행위임에도 적용될 수 있음을 설명하고, 국내에 주소 또는 영업소가 없는 사업자의 경우라도 일정 기준을 충족하는 경우에는 국내 대리인을 지정해야 하며, 이를 위반 시 부과되는 제재가 있음을 살펴본다.

역외 규정(적용 범위, 제4조)

AI 기본법은 국외에서 이뤄진 행위라도 국내 시장 또는 이용자에게 영향을 미치는 경우에는 국내법을 적용하는 역외 규정을 두었다. 형법은 대한민국 영역 내에서 죄를 범한 내국인과 외국인에게 적용(제2조)한다는 속지주의를, 대한민국 영역 외에서 죄를 범한 내국인에게 적용(제3조)한다는 속인주의를 규정한다. 이처럼 국내법은 속지주의와 속인주의에 의해 국내에서 또는 우리나라 국민에게 효력을 가지는 것이 원칙이므로, AI 기본법은 우리나라에서 이루어진 행위의 주체가 해외 기업이라도 적용된다.

그런데 해외에서 해외 기업이 하는 행위에도 AI 기본법이 적용될 수 있는지가 문제다. 이미 다른 법률에서도 유사한 논의가 있었다. 가장 먼저 공정거래위원회에서 해당 이슈가 제기되었고, 현재도 개인정보보호위원회는 역외 규정을 두지 않고서도 해외 사업자에게 외국 기업이 한국 영토 밖에서 실행한 위법 행위가 한국 정보 주체의 개인 정보를 침해하는 등 국내 질서에 '직접적 · 실질적 효과'를 미칠 때는 적극적으로 조사 · 처분을 해 「개인정보보호법」을 적용하고 있다.

오늘날과 같이 시장이 개방되어 국가 간의 거래가 빈

번히 이루어지고, 국민 경제의 상호 의존성이 급속히 커지는 상황에서 종래의 관할권 원칙을 고수할 경우에는 국내법의 목적이 제대로 달성될 수 없는 경우가 종종 발생하게 된다(이봉의, 2022). 자국의 영토 밖에서 외국 사업자에 의해 이루어진 경쟁 제한 행위에 대해서도 그 영향 내지 효과가 국내의 경쟁 질서나 소비자 이익을 침해하는 경우에는 국내의 경쟁 당국이 관할권을 행사하는 것이다(이봉의, 2022). 공정거래위원회는 법에 규정이 없음에도 불구하고 2002년에 흑연 전극봉 부당한 공동행위 건(공정거래위원회 제2002-077호)과 2003년에 비타민 부당한 공동 행위 건(공정거래위원회 전원회의 의결 제2003-098호)에서 시정 명령 및 과징금을 부과했다.

이후 2004년 12월 「독점 규제 및 공정 거래에 관한 법률」에 최초로 역외 규정이 들어온 후, 2007년 8월 「자본시장과 금융 투자업에 관한 법률」, 2018년 4월 「전기통신사업법」, 2020년 6월 「정보 통신망 이용 촉진 및 정보보호 등에 관한 법률」에 도입되었고, 이를 AI 기본법에서도 규정하게 되었다. 다만, AI 기본법은 다른 법률들과 다르게, 국방 또는 국가 안보 목적으로만 개발·이용되는 인공지능으로서 일부 인공지능에 대해서는 적용하지 아니하는 예외 규정이 있다.

국내 대리인 지정 의무(제36조)

국내에 주소 또는 영업소가 없는 인공지능 사업자로서 일정 기준에 해당하는 자는 일정한 범위의 업무를 수행하도록 국내 대리인을 서면으로 지정하고, 과학기술정보통신부 장관에게 신고해야 한다. 이 규정을 위반해 국내 대리인을 지정하지 아니한 자는 3천만 원 이하의 과태료에 처하게 된다(제43조 제1항 제2호). 구체적으로 지정 의무를 지는 사업자의 범위는 이용자 수, 매출액 등을 기준으로 해서 하위 법령인 시행령을 통해 정해진다. AI 기본법에는 신고 의무는 있어도 이를 인터넷 사이트 등을 통해 공개하는 의무는 규정되어 있지 않다.

국내 대리인은 ① 대규모 인공지능 사업자가 인공지능 시스템의 안정성을 확보하기 위해 이행한 결과를 과학기술정보통신부 장관에게 제출하는 업무, ② 인공지능 사업자가 인공지능 또는 이를 이용한 제품·서비스를 제공하는 경우 그 인공지능이 고영향 인공지능에 해당하는지 여부를 확인해 줄 것을 과기정보통신부 장관에게 요청하는 업무, ③ 인공지능 사업자가 고영향 인공지능 또는 이를 이용한 제품·서비스를 제공하는 경우 고영향 인공지능의 안전성·신뢰성 확보 조치의 이행에 필요한 지원 및 안전성·신뢰성 확보를 위한 조치의 내용을 확인할 수 있는 문서의 최신성 · 정확성에 대한 점검 업무를 한다.

국내 대리인은 국내에 주소 또는 영업소가 있는 자로 하고, 국내 대리인이 이 ① 내지 ③의 업무와 관련해 이 법을 위반한 경우에는 해당 국내 대리인을 지정한 인공지능 사업자가 그 행위를 한 것으로 본다.

해당 규정의 입법 과정에서 한국인터넷기업협회는 ① 역외 적용의 범위가 자의적으로 설정될 경우 법 집행 과정에서 상대국으로부터 주권 침해 등의 반발이 제기되거나 국가 간 규율 범위의 중복 우려가 있으며,② 역외 적용의 집행 가능성을 높이기 위해서는 해당 규제가 다른 나라에서도 공감을 얻을 수 있는 보편적 타당성을 가진 법 규범이어야 하는데, 제정안에 따른 규제의 보편적 타당성에 대해서는 의문의 여지가 있다는 의견을 제출한 바 있다.

유사한 입법례로는 2018년 9월 「정보 통신망 이용 촉진 및 정보 보호 등에 관한 법률」에 개인 정보 보호 업무와 관련해서 국내 대리인 제도를 도입했는데, 이는 EU 개인정보보호법(GDPR) 규정을 입법례로 하고, 국회 4차산업혁명특별위원회의 논의를 거친 것이다. 당시 소관 부처였던 방송통신위원회는 글로벌 사업자에게도 국내 사업자와 마찬가지로 이용자의 개인 정보 자기 결정권을 실질적으로 행사할 수 있도록 한다는 점과 글로벌 사업자의 개인 정보 침해 여부를 판단하기 위해 자료를 요청할 경우 필요한 자료를 신속하게 제출할 수 있도록 한다는 점을 개정 취지로 들었다. 개인 정보 관련 업무가 2020년 2월에 개인정보보호위원회로 통합되었으나, 방송통신위원회는 글로벌 사업자에 대한 자료 조사가 필요한 경우를 대비해 일부 규정을 개정해 해당 법에 남겨 두었고, 동일한 취지에서 글로벌 사업자에 대한 신속한 자료 제출을 도모하기 위해 2020년 6월 「전기통신사업법」에도 도입되었다. 이 중 국내 대리인의 성명, 주소 등을 공개할 의무는 「정보 통신망 이용 촉진 및 정보 보호 등에 관한 법률」과 「개인정보보호법」에 있다.

참고문헌

개인정보보호위원회(2024.4). 해외사업자 개인정보 보호법 적용 안내서.

국회 4차 산업혁명 특별위원회(2018.5). 참고자료 I. 소위원회 심사자료.

국회 4차 산업혁명 특별위원회(2019.6). 결과보고서.

국회 의안정보시스템. [2200543] 인공지능 발전과 신뢰 기반 조성 등에 관한 법률안(정점식 의원 등 108인) 검토보고서. https://likms.assembly.go.kr/bill/billDetail.do?billId=PRC_

A2N4R0A6V1M7I1F4B3C7R3D3I3R3H8

이봉의(2022.2.25). 『공정거래법』. 박영사.

정보통신망 이용촉진 및 정보보호 등에 관한 법률 개정 이유(2018.9.18. 일부 개정). 법률 개정 정보. 법제처 국가법령정보센터, https://www.law.go.kr/LSW/lsInfoP.do?lsiSeq=204481&lsId=&viewCls=lsRvsDocInfoR&chrClsCd=010102#

09
실태 조사, 사실 조사

과학기술정보통신부가 기본 계획 및 인공지능, 인공지능 기술, 인공지능 산업 및 인공지능 사회와 관련된 시책 수립을 위해 실태 조사, 통계 및 지표 작성을 진행할 수 있음을 살펴본다. 또한 생성형 인공지능 사업자, 대규모 인공지능 사업자, 고영향 인공지능 사업자에게 AI 기본법이 부과하는 의무와 관련해 사실 조사, 자료 제출, 시정 명령, 위반 시 제재에 대해 검토한다.

AI와 화장품?

행정 조사

「행정조사기본법」에 따르면, 행정 조사는 행정 기관이 정책을 결정하거나 직무를 수행하는 데 필요한 정보나 자료를 수집하기 위해 현장 조사 · 문서 열람 · 시료 채취 등을 하거나 조사 대상자에게 보고 요구 · 자료 제출 요구 및 출석 · 진술 요구를 하는 활동을 말한다(제2조 제1호). 행정 조사의 법적 근거가 필요한지에 대해 「행정조사기본법」은 법령 등에서 행정 조사를 규정하고 있는 경우에만 행정 조사를 실시할 수 있도록 하고, 조사 대상자의 자발적인 협조를 얻어 실시하는 행정 조사의 경우에는 예외를 두고 있다(제5조).

조사 대상자 없이 정보를 수집하는 행정 조사는 원칙상 법률의 근거를 요하지 않는다. 다만, 이 경우에도 조사의 대상이 개인 정보 등이어서 조사 자체로서 국민의 권리를 침해하는 경우에는 개인의 동의에 의하지 않는 한 법적 근거가 있어야 한다고 보아야 한다(박균성, 2023).

AI 기본법은 실태 조사, 통계, 지표, 사실 조사를 규정하고 있고, 이 중 사실 조사는 위반 시 중지 명령 또는 시정 명령의 제재도 있다. 「행정조사기본법」은 행정 조사에 관해 다른 법률에 특별한 규정이 있는 경우를 제외하고는 이 법으로 정하는 바를 따르도록 하고 있으므로, AI 기본법도 「행정조사기본법」에서 정하고 있는 기본 원칙(제4조) 등을 따라야 한다.

실태 조사, 통계 및 지표 작성(제38조)

과학기술정보통신부 장관은 통계청장과 협의해 기본 계획 및 인공지능 등 관련 시책과 사업의 기획 · 수립 · 추진을 위해 국내외 인공지능 등에 관한 실태 조사, 통계 및 지표를 「과학기술기본법」 제26조의2에 따른 통계와 연계해 작성 · 관리하고 공표해야 한다. 행정 조사의 방식은 다양한데, 실태 조사나 통계와 관련된 것도 해당된다. 과학기술기본법 시행령에 따르면 과학 기술 통계와 지표의 조사에 대해 현지 조사, 문헌 조사 및 설문 조사 등의 방법을 규정하고 있다(시행령 제40조의 2 제4항).

실태 조사 대상이 '인공지능 등'인데, 인공지능 등은 인공지능, 인공지능 기술, 인공지능 산업 및 인공지능 사회를 축약한 것으로 자료 제출지는 명시되어 있지 않으므로 시행령 제정을 지켜봐야 한다. 다만 인공지능 사업자에게 자료 제출 요청이 온다고 하더라도 자료 미제출에 대한 제재 규정이 없으므로 자료 제출에 협조하려는 경우가 아니라면 사업자가 주의해야 할 사항은 없다고

본다.

실태 조사와 달리 통계 및 지표의 작성과 관련해 자료 제출자는 관계 중앙 행정 기관의 장, 지방 자치 단체의 장 및 공공 기관의 장이다. 이들은 특별한 사정이 없으면 자료 제출에 응해야 한다. 「과학기술기본법」은 자료 제출자를 관계 중앙 행정 기관의 장, 지방 자치 단체의 장, 기업 · 교육 기관 · 연구 기관의 장, 과학 기술 관련 기관 · 단체의 장으로 정하고 있으므로 공공 기관 외에도 기업도 해당한다(제26조의 2 제4항). 실제 실태 조사, 통계 및 지표 작성 업무는 업무 위탁 규정에 의해 단체나 기관에서 수행할 수 있다(제39조 제2항 제6호).

사실 조사, 자료 제출, 시정 명령(제40조)

국회 상임위원회 법안소위 논의 과정에서 과학기술정보통신부에 사실 조사 권한을 주는 것은 필요 이상의 권한을 부여하고, 산업 진흥 측면에서 인공지능 사업자에게 과중한 의무를 주는 것이라는 의견도 있었다. 그러나 과학기술정보통신부는 사실 조사, 시정 명령, 과태료 등의 의무 이행 확보 수단을 규정하게 된 이유는 그간 논의되던 인공지능 관련 법률이 사업자에 대한 선언적 의무만 규정하고 있으므로 실효성이 부족하다는 의견을 반영한 것으로 AI 기본법의 공청회에서 논의된 것이라고 했다. 「국회법」에 따르면 제정법률안과 전부개정법률안에 대해서는 공청회 또는 청문회를 개최해야 한다(제58조 제6항).

사실 조사 및 자료 제출 규정은 법 위반 어부에 대한 조사를 목적으로 하고, 위반 시 시정 명령, 과태료 같은 제재가 있으므로 강제적 행정 조사의 성격을 가지고 있다.

과학기술정보통신부 장관은 생성형 인공지능과 관련된 투명성 확보 의무, 대규모 인공지능 사업자의 안전성 확보 의무, 고영향 인공지능 사업자의 안전성 · 신뢰성 확보 의무에 대해 ① 법 위반되는 사항을 발견하거나 혐의가 있음을 알게 된 경우, ② 법 위반에 대한 신고를 받거나 민원이 접수된 경우에는 해당 사업자에게 관련 자료를 제출하도록 요구하거나 해당 사업자의 사업장에 공무원이 출입해 장부 · 서류 등을 조사하게 할 수 있다. 사실 조사는 과학기술정보통신부가 직접 수행하는 것은 인력 운영상 어려운 점이 많으므로 보통은 소속 기관의 장에게 위임하거나 관련 기관 또는 단체에 위탁을 주는 규정이 같이 있는데, AI 기본법의 위임 및 위탁 규정(제39조)에는 실태 조사와 달리 별도의 규정이 없다.

만약 조사 결과 인공지능 사업자가 이 법을 위반한 사실이 있다고 인정되면 과학기술정보통신부 장관은 인공지능 사업자에게 해당 위반 행위의 중지나 시정을 위해 필요한 조치를 명할 수 있고, 이 중지 명령이나 시정 명령을 이행하지 아니한 자에게는 3천만 원 이하의 과태료를 부과한다(제43조 제1항 제3호). 그나마 보통은 시정 명령 위반 시 과징금을 부과하는데, 과태료 3천만 원으로 규정한 것은 최소한의 의무 이행 확보 수단으로 생각된다. 또한 과태료는 일률적으로 정해지는 것이므로 대기업과 중소기업 간의 기업 규모를 반영하기 어려운 점이 있다.

참고문헌

박균성(2023.1.20). 『제20판 행정법 강의』. 박영사.

제418회 국회 정보통신방송법안심사소위원회(2024.11.21). 과학기술정보방송통신위원회 회의록.

10
인공지능 기본법 제정의 의의 및 시사점

인공지능 기본법이 제정됨으로써 AI 기본법은 우리나라 인공지능 산업 발전과 국가 경쟁력 증진, 국민을 위한 안전성 및 신뢰성 확보, 정부 정책 추진의 근간, 패권 경쟁 주도 측면에서 의의가 있다.

종교와 AI?

국내 AI 산업 발전과 국가 경쟁력 증진

AI가 국민 생활에 점점 보편화된 서비스로 자리 잡는 과정에서 AI를 악용한 딥페이크 디지털 성범죄, AI가 알려준 정보 중 사실이 아닌 가상 정보나 잘못된 내용인 할루시네이션(Hallucination)과 같은 부작용에 대한 규제 필요성이 대두했다. 국회 상임위원회 법안소위에서 논의된 생성형 인공지능 고지 및 표시 의무에서 볼 수 있듯이 범죄자, 테러리스트에 의한 AI의 악의적 이용에 대한 규제를 강화할 필요가 있다는 의견과 EU와 같이 과징금 등 강력한 제재 조치를 도입해서는 안 되며 진흥 중심의 입법이 이루어져야 한다는 의견이 대립했다. 19개 법안 중 권칠승 의원안은 금지된 인공지능 및 고위험 인공지능에 관한 의무를 위반한 자에 대해 징역 또는 벌금에 처하도록 하고 있는 반면 나머지 법안들은 권칠승 의원안과 같은 의무 이행 확보 수단을 규정하고 있지 않다는 점에서 진흥에 보다 더 중점을 둔 법안들이 많았다.

제정 논의 과정에서 볼 수 있듯이 인공지능 산업의 진흥과 규제 사이의 균형을 확보하는 것이 중요하다. 다만, 국내 인공지능 산업이 아직 발전 초기 단계이며, 글로벌 시장 선점이 중요한 상황임을 고려할 때 해외를 따르는 강한 규제보다는 국내 AI 산업의 발전과 글로벌 경쟁력 확보를 도모할 필요가 있다. 따라서 AI 기본법은 국내 인공지능 산업의 상황에 맞는 진흥 방안과 최소한의 규제를 담는 결론을 채택할 수 있었다.

국민을 위한 안전 및 신뢰 확보

AI 기본법 제정 과정에서 유럽 연합의 법에 비해 규제 대상의 범위가 좁고 규제 수준도 미흡하므로 사람의 건강이나 안전, 권리 · 의무에 중대한 영향을 미칠 우려가 있는 인공지능에 대한 규제 수준을 강화할 필요가 있다는 의견이 있었다. 시민 사회단체(건강권실현을위한보건의료단체연합, 무상의료운동본부, 문화연대 기술미디어문화위원회, 민주사회를위한변호사모임 디지털정보위원회, 사단 법인 정보인권연구소, 서울YMCA 시민중계실, 언론개혁시민연대, 연구 공동체 건강과대안, 전북평화와인권연대, 진보네트워크센터, 참여연대, 천주교인권위원회, 홈리스행동 등)는 2024년 7월 1일 '22대 인공지능법 제정에 대한 시민 사회 의견서'를 통해 법률이 인공지능의 위험에 영향을 받는 사람의 안전과 인권을 보호해야 하나, 제정안은 유럽 연합의 법에 비해 규제 수준이 미흡하다는 의견을 제시했다. 21대 국회에서는 국가인권위원회가 2023년 7월 13일 해외 입법례 등을 참고해 고위험 인공지능의 범위 및 이에 대한 규제를 확대하고, 인공지능 감독 및 규제 기관의 사전 점검 및 사후 조치 역할을 분명히 할 필요가 있다는 의견을 표명한 적이 있다.

AI 기본법은 유럽 연합의 규제보다는 다소 완화된 것이므로 이러한 시민 단체의 의견을 온전히 반영하지 못했다고 평가할 수는 있다. 그럼에도 제정법은 고영향 인공지능의 범위를 명확하게 설정하고, 고영향 인공지능과 생성형 인공지능에 대한 최소한의 규제를 담았으며, 인간의 존엄성과 인권을 존중하는 윤리 기준을 규정함으로써 인공지능의 공정성 · 투명성 · 책임성 · 안전성을 확보해 국민에게 신뢰를 주고자 한다.

정부 AI 정책 추진의 근간

과학기술정보통신부는 2025년 1월 13일 '2025년 업무계획'에서 인공지능 세계 3대 강국 도약을 목표로 '인공지능 기본법' 제정을 계기로 본격적인 산업 성장을 위한 기반 시설을 구축하고, 민 · 관 합작 투자로 '국가 인공지능 컴퓨팅센터' 구축을 본격 추진하고, 필수 기반 시설인 데이터센터 구축 관련 규제를 개선한다고 했다. 2025년 1분기에는 이를 포괄하는 '인공지능 컴퓨팅 기반 시설

(인프라) 종합 대책'을 수립하고, 2025년 상반기에는 '인공지능 기본법'의 하위 법령을 마련하며, 고영향 인공지능 안전 관리 기준 마련, 이미지 영상 조작 물결무늬(딥페이크 워터마크) 등 혁신 · 안전의 균형 있는 산업 발전에 필요한 후속 제도를 설계한다고 발표했다.

이 업무 계획에서는 예산 사업과 관련해 1조 원 규모의 범용 인공지능 개발 사업을 기획 · 추진하고, 인공지능 전환(AX) 신생 기업 및 신산업 분야 기업 성장을 위한 정책 기금 8100억 원을 마련하는 것을 목표로 한다. 인공지능 분야를 국가 전략 기술에 추가해 세액 공제 지원을 강화하고, 뉴욕 '국제 인공지능 개척자 연구소'와 연계한 인공지능 신생 기업의 현지 거점 신설을 지원하며, 아시아 · 중동 등을 대상으로 디지털 수출 개척단을 운영하는 등 인공지능의 해외 진출을 본격화하는 계획도 있다.

이처럼 법률이 제정되면 그간 단편적이고 분산적으로 추진되던 정책을 기본 계획을 통해 종합적 · 효율적으로 추진할 수 있게 된다. 또한 부처에서 추진할 예산 사업이나 공공 기관의 정책 자금 운용의 법적 근거가 마련되므로 신생 기업이나 중소기업 등을 지원하는 기준이 명확해진다. 이는 민간에서의 인공지능에 대한 투자 촉신으로도 연계될 것이므로 산업의 발전과 진흥을 도모할 수 있게 될 것이다.

다만, AI 기본법은 현재 법률만 제정된 상태다. 과학기술정보통신부는 2025년 1월 15일 AI 기본법을 위한 '하위 법령 정비단'을 출범했다. 업무 보고에서 발표한 바와 같이 하위 법령으로 마련해야 할 시행령 및 시행 규칙 외에도 ① 인공지능 투명성 확보 의무 가이드라인(제31조), ② 인공지능 안전성 확보 의무 고시(제32조), ③ 고영향 인공지능 기준과 예시에 관한 가이드라인(제33조) ④ 고영향 인공지능 사업자 책무 가이드라인(제34조), ⑤ 인공지능 영향 평가 가이드라인(제35조)도 있다. 이들은 법률에서 규정한 내용을 명확히 해 법률의 수범자에게 예측 가능성을 높여 주는 것이므로 이들의 제정 과정을 유심히 살펴야 한다.

AI 패권 경쟁 주도

인터넷을 통해 전 세계가 연결되고 더 이상 국경이 의미가 없어지면서 우리나라 국민을 보호하기 위해 정부 부처의 소관법에 역외 적용이 입법화되기 시작했다. 더욱이 제4차 산업 혁명에서는 초연결, 초융합, 초지능 시대라고 하면서 인간과 사물 등을 네트워크로 연결시켰고,

인간만이 가능하다고 여겼던 학습 능력, 추론 능력을 인공지능으로 구현하게 되었다. 인공지능이 전 세계적으로 맹위를 떨치면서 전 세계 주요국들은 디지털 주권을 누가 선도할 것인지 그 패권을 다투는 상황이다. 제일 먼저 입법한 나라는 유럽 연합이고 다음으로 행정 명령으로 대응한 나라는 미국이다. 영국은 AI Safety Summit 행사를 개최했고, 안전연구소를 출범시켰다.

유럽 연합이 규제 중심의 법을 제정해 미 · 중 간의 인공지능 경쟁에서 규제에 관한 국제적 기준을 제시함으로써 기술 주도권을 확보하고자 하는 것으로 평가되는 측면이 있다. 미국도 유럽 연합에 주도권을 빼앗기지 않기 위해 행정 명령(트럼프 대통령은 해당 명령을 2025년 1월 22일 취임 첫날 철회) 등을 통해 사업자에게 구체적인 의무를 부과한다고는 하지만 유럽 연합과 같이 과징금 등 강력한 제재 조치는 도입하지 않았을 뿐이다. 영국은 국제 행사를 통해 패권을 주도하고자 했다. 우리나라도 2030년 제3위 도약을 목표로 국세 사회에서 패권을 주도하기 위해 세계에서 두 번째로 AI 기본법을 제정하게 된 것이다.

참고문헌

과학기술정보통신부(2025.1.13). 「2025년 과기정통부 업무계획」 발표 – 인공지능으로 디지털 대전환, 과학기술로 미래선도. https://www.msit.go.kr/bbs/view.do?sCode=user&mId=307&mPid=208&bbsSeqNo=94&nttSeqNo=3185356

과학기술정보통신부(2025.1.15). 인공지능 기본법을 위한 '하위법령 정비단' 본격 출범. https://www.msit.go.kr/bbs/view.do?sCode=user&mId=307&mPid=208&bbsSeqNo=94&nttSeqNo=3185365

국회 의안정보시스템. [2200543] 인공지능 발전과 신뢰 기반 조성 등에 관한 법률안(정점식 의원 등 108인) 검토보고서. https://likms.assembly.go.kr/bill/billDetail.do?billId=PRC_A2N4R0A6V1M7I1F4B3C7R3D3I3R3H8

루달리(2021.5.27). 초연결, 초융합, 초지능 시대, 모든 데이터는 연결된다. 브런치스토리, https://brunch.co.kr/@rudaleeactc/10

이도경(2025.1.11). [트럼프 2기 ⑤] 바이든표 행정명령 지우고 'AI 맨해튼 프로젝트' – 국내 기업 영향은. ≪서울 파이낸스≫, https://www.seoulfn.com/news/articleView.html?idxno=545971

제418회 국회 정보통신방송법안심사소위원회(2024.11.21). 과학기술정보방송통신위원회 회의록.

이수경

고려대학교 법학과 학사, 일반대학원 법학 석사, 같은 대학원 법학 박사 과정을 수료했다. 제46회 사법 시험에 합격(2005)해 제36기로 사법연수원을 수료(2007)한 후 정보통신부(현 과학기술정보통신부), 지식경제부(현 산업통상자원부), 방송통신위원회의 서기관(2007~2011)을 거쳐 법무법인 화우에서 방송, 통신, 데이터, AI 분야 전문 변호사로 활동하고 있다. 방송통신위원회에서 통신, 방송, 데이터 관련 법제 업무를 담당해 「방송법」, 「전기통신사업법」, 「정보 통신망 이용 촉진 정보 보호 등에 관한 법률」을 개정했다. 법제 연구로는 시청자미디어재단의 소외 계층 방송 접근권 보장(장애인 방송 법제화 정비 방안) 연구, 한국정보통신진흥협회의 2021년 내지 2023년 방송 통신 서비스 이용자 보호 이슈 리포트, 전기 통신 역무 제공 중단 시 이용자 보호 방안 연구, 한국인터넷진흥원의 규제 샌드박스 후속 대응을 위한 본인 확인 법제 정비 방안 연구, 방송통신위원회의 4차 산업 시대의 기술 발전에 따른 위치 정보 활용 및 보호를 위한 법 제도 방향성에 관한 연구, 방송통신위원회, 대량 문자 발송사 불법 스팸 대응 체계 강화를 위한 제도 개선 방안 연구, 디지털 폭력 방지 등을 위한 정보 통신망 법령 개정 방안 연구가 있다. 현재 ≪법률신문≫의 AI 뉴노멀 집필위원, 개인정보보호위원회 고문변호사, AI 프라이버시 민관정책협의회 위원, 과학기술정보통신부 전파정책자문위원, 공익성심사위원회 위원, AI 윤리정책 포럼 위원, 한국정보통신기술협회 AI융합시험연구소 AI · 데이터 · 정보 보호 분야 법률자문 위원으로 활동하고 있으며, 2024년 개인 정보 분야 유공으로 국무총리상을 받은 바 있다.